KB004061

기후로 다시 읽는
세계사

기후로 다시 읽는 세계사

역사를 뒤흔든 지리의 힘,
기후를 뒤바꾼 인류의 미래

이동민 지음

갈매나무

기후가 이끈 역사, 인류가 바꾼 기후

오늘날의 급속한 기후변화는 '기후위기'라 불리고 있습니다. 그리고 기후위기는 먼 나라의 이야기가 아닙니다. 당장 우리는 매년 이어지는 이상기후 때문에 많은 어려움을 겪고 있습니다. 국민 생선이던 동해안의 명태가 자취를 감추었습니다. 서민들의 밥상을 책임지며 급식에도 자주 올라오던 명태 요리는 이제 서민 음식이라 부르기 힘들 정도가 되었습니다. 게다가 남해에서는 듣지도 보지도 못한 아열대성 물고기가 잡히고 있습니다. 파란고리문어 같은 열대와 아열대의 바다에 사는 맹독성 해양생물이 한반도 근해로 올라오면서 해수욕을 즐기거나 수산업에 종사하는 사람들에게까지 비상이 걸린 상황입니다.

공무원 퇴임 후 고향에서 농사를 지으시는 부모님도 언제인가 이상기후 때문에 힘들다고 말씀하신 적이 있습니다. 여름에 햇볕이 쨍쨍 내리쬐어야 포도가 먹음직스럽게 익는데, 장마철이 끝났는데도 몇 주 동안 날이 흐리고 비가 와 포도가 제대로 익지 않을까 봐 걱정하셨지요. 그뿐만이 아닙니다. 견딜 수 없을 만큼 유난히 더웠던 어느 여름날 수박을 사러 갔다가 어처구니없을 정도로 비싼 수박 가격에 깜짝 놀랐습니다. 그 경험담을 SNS에 올렸더니, 수박 농사를 짓는 어떤 분이 이상기후로 무더위가 계속되어 수박 농사가 잘되지 않아 가격이 올랐고, 소비자는 물론 농민까지도 힘들어졌다고 댓글을 남긴 적이 있습니다. 이처럼 기후위기는 이미 우리 삶을 힘들게 만들고 있습니다. 심지어 태평양의 투발루 같은 섬나라는 기후변화 때문에 나라 전체가 바다에 잠길 위기에 처해 있다고 합니다.

문명의 흥망성쇠를 좌우한
보이지 않는 힘

이러한 기후변화는 오늘날 현대인의 삶에만 영향을 미친 것이 아닙니다. 기후는 과거에도 인류에게 수많은 위기를 가져다주었고, 때로는 여러 기회를 안겨주기도 했습니다. 사실 인류가 문명을 꽃피울 수 있었던 이유는 신생대 이후 계속되었던 빙하기가 끝나고 농사를 지을 수 있는 따뜻한 기후가 찾아왔기 때문입니다. 그리고 인류사에 등장한 수많은 문명과 국가, 민족집단은 기후변화와 더불어 흥망성쇠를 거듭했습니다.

예를 들어 서로마제국의 멸망, 유라시아를 동서로 연결하며 인류사에 지대한 영향을 주었던 몽골제국의 건설 등은 기후변화와 밀접한 관계가 있습니다. 한나라와 로마는 온난한 기후 덕분에 농업 생산성과 경제력이 크게 증가하면서 부강한 나라로 성장했고, 오늘날 동아시아와 유럽 문화권의 기초를 이룬 대제국으로 자리 매김할 수 있었지요. 몽골제국 역시 칭기즈칸이 몽골을 통일할 무렵 때맞춰 척박한 스텝 지대에 많은 비가 내려 인구와 경제력, 군사력이 크게 성장하면서 유라시아를 아우르는 세계 제국으로 발전할 수 있었습니다.

아울러 인류 역사와 문명이 다양한 형태로 발전할 수 있었던 것도 세계지도에 서로 다른 기후대가 분포한 덕분입니다. 현생인류의 고향인 사하라 이남 아프리카는 이미 수천 년 전부터 문명의 싹이 텄지만, 사하라사막과 그 남쪽의 열대우림 그리고 사바나 지대 때문에 다른 지역과 교류하지 못하면서 문명의 성장이 크게 지체되었지요. 반면 유라시아는 비록 척박하지만 교류를 가능케 하는 스텝 지대가 유럽과 아시아 사이에 드넓게 펼쳐져 있기에 고대부터 동서 교류를 하며 고도의 문명을 발전시킬 수 있었습니다. 우리가 밥을 먹는 반면 서양인이 빵을 먹는 이유, 같은 쌀 문화권이지만 우리나라의 쌀과 중국 남부, 동남아시아, 인도에서 재배되는 쌀의 맛과 조리법이 각각 크게 다른 이유 또한 기후의 차이에서 빚어진 결과입니다. 그렇게 역사의 흐름과 세계지도의 모습을 바꿔가며 오늘날의 사회와 문화를 만들어낸 것이지요.

하지만 오늘날 우리가 겪고 있는 기후위기는 과거의 기후변화와 분명 다릅니다. 기후와 환경을 고려하지 않은 인간의 과도한 생산과 소비 활동 때문에 일어난 인위적인 위기입니다. 더 큰 문제는 오늘날의 기후위기가 아주 급격하게 일어나고 있다는 점입니다. 유사 이래 수많은 문명과 국가의 흥망성쇠에 영향을 미친 산업화 이전의 기후변화에서는, 평균 기온이 많아 봐야 섭씨 1도 전후로 오르거나 내렸습니다. 게다가 그 정도의 변화가 일어나는 데는 수백 년이 넘는 긴 시간이 걸렸습니다. 반면 오늘날의 기후위기는 다릅니다. 과학자들은 2100년 무렵에는 지구 평균 기온이 지금보다 적어도 1.8도, 많게는 4도까지 오를 거라고 전망합니다. 평균 기온이 1도만 오르거나 낮아져도 문명과 사회에 큰 영향을 미치는데, 불과 100년도 안 되는 시간 동안 기온이 이렇게 크게 상승한다면 앞으로 닥칠 위기는 현대 과학으로도 감당하기 어려울 것입니다.

기후로부터 우리는 무엇을 배울 것인가?

오늘날 세계 각국은 기후위기 해결을 위해 다양한 노력을 기울이고 있습니다. 각국의 정치인과 정당은 기후위기 해결을 위한 정책을 만들어 선거 공약으로 내세우고 있습니다. 유럽에서는 녹색당 등 기후위기 해결을 주된 정강으로 내세운 정당까지 등장해 상당한 힘을 얻고 있지요. 세계 각국은 이미 1990년대부터 기후위기 해결을 위해 교토 의정서(1997), 파리 협정(2015) 등 구속력 있는 국제적인 협약과 장치를 마련해왔습니다. 이윤 추구를 목적으로 하는 기업들도 친환경 제품을 생산 및 판매하고 친환경과 기후위기 해결에 초점을 맞춘 마케팅 전략을 실시합니다. 오늘날 기후위기는 점점 더 인류가 해결해야 할 절박한 과제로 다가오고 있습니다.

인류 문명은 기후변화 덕분에 태동할 수 있었고 기후변화를 따라 변화하고 발전해왔습니다. 아울러 오늘날의 기후위기는 인류 문명의 존립 자체를 점점 위협하고 있습니다. 이러한 점에서 오늘날 기후위기에 제대로 대처하고 인류가 나아가야 할 방향을 모색하려면, 유사 이래 기후가 세계지도를 어떻게 그리고 바꾸어왔는지를 살펴볼 필요가 있습니다.

이 책은 인류 문명과 맥을 같이하며 세계지도를 그리고 바꾸어 온 기후변화와, 그렇게 자연의 힘만으로 이루어지던 기후변화가 인간의 활동이 초래한 오늘날의 기후위기로 바뀌게 된 과정을 짚었습니다. 1부에서는 아프리카 남부에 서식하던 '털 없는 원숭이'에 불과했던 현생인류가 어떻게 전 세계로 퍼져 갈 수 있었는지, 그리고 세계 각지에서 어떻게 문명이 탄생하고 발전할 수 있었는지를 당시의 기후 조건과 함께 살폈습니다. 2부에서는 인류가 말을 길들이고 거대한 문명과 제국을 세운 과정, 수많은 문명이 흥망성쇠를 거듭하며 오늘날의 사회와 세계지도를 만들어온 과정, 그리고 왜 지구상의 어떤 지역에서는 고도의 문명이 발전을 이어갔는데 다른 지역은 그러지 못했는지에 대한 문제를 기후변화의 흐름과 함께 따라가보았습니다. 마지막 3부에서는 오늘날의 기후변화가 왜 기후위기인지, 기후위기는 인류에게 어떠한 문제를 가져다주는지, 기후위기에 대처하기 위해서 인류는 어떤 자세로 노력하며 실천해야 하는지에 대해 다루었습니다.

이 책이 독자 여러분께 기후변화가 세계사와 세계지도를 그려낸 과정에 대한 깊이 있는 이해, 그리고 기후위기 시대에 대처할 통찰을 가져다줄 수 있기를 고대합니다!

차 례

3. 기후변화의 역사에서 기후위기의 시대로

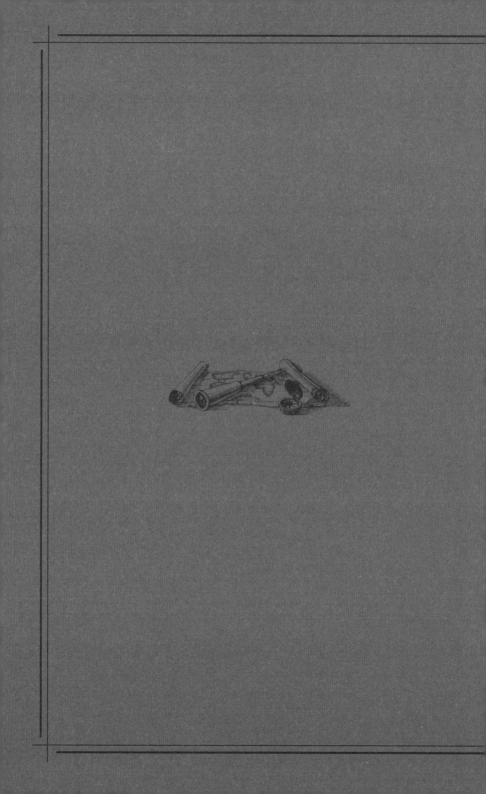

1

지구에 그려지기
시작한 역사의 밑그림

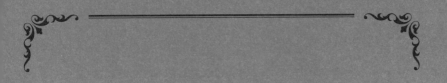

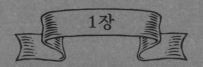

1장

빙하 타고 전 세계로
퍼져 나간 인류

흔히들 봄을 '싹 트는 봄', 가을을 '결실의 계절'이라고 부른다. 봄에 파종하고 가을에 추수하는 농경 생활에서 비롯한 표현이다. 요즘에야 농업 인구의 비율이 높지 않지만, '농자천하지대본農者天下之大本'이라는 말에서 알 수 있듯이 본격적으로 산업화되기 전에는 동서를 막론하고 농업이야말로 경제와 사회의 근간이었다.

그런데 인류가 봄에 파종하고 가을에 추수하며 살아가기 시작한 시기는 길게 잡아도 1만 년 전후에 불과하다. 1만 년은 인간에게는 긴 시간일지 몰라도, 고고학이나 지질학 또는 기후학의 관점에서는 짧은 시간이다. 현생인류, 즉 호모사피엔스사피엔스Homo sapiens sapiens가 등장한 시점이 20만 년쯤 전이니, 1만 년은 그 가운데 5퍼센트에 불과할 뿐이다. 그리고 1만 2,000년 전까지 지구는 빙하기였기 때문에, 지표면의 3분의 1 이상이 빙하에 덮여 있었다. 그 외 지역도 오늘날보다 기온이 낮았으므로 툰드라나 스텝* 같은 척박한 땅이 넓게 펼쳐져 있었다. 따뜻한 지역이더라도 열대

....

*   스텝기후대에서 나타나는 비교적 건조하고 척박한 초원 지대를 말한다.

우림처럼 나무가 빽빽이 우거진 곳보다는 초원 지대가 차지하는 비중이 컸다.

이러한 빙하기에 농업이나 목축업이 발달하기는 당연히 어렵다. 그러다 보니 문명이 발달할 만한 조건도 아니었다. 문명이 발달하려면 많은 인구를 부양하고 복잡한 사회제도를 형성할 수 있는 경제력이 필요하기 때문이다. 그러기 위해서는 남아도는 식량과 자원을 축적할 수 있는 체계적인 농업과 목축업이 반드시 발달해야 한다. 수렵과 채집 생활로는 그저 작은 무리가 하루하루 생존하는 수준을 넘기 어렵기 때문이다.

하지만 아프리카 남부에서 출현한 현생인류는 역설적이게도 빙하기 덕분에 수만 년에 걸쳐 전 세계로 퍼져 나갈 수 있었다. 오늘날에는 바다에 가로막혀 있는 아메리카, 호주, 일본과 영국 및 동남아시아의 수많은 섬에 현생인류가 진출할 수 있었던 것도 바로 빙하기 덕분이다.

지구 곳곳으로 퍼져 나간 현생인류는 네안데르탈인 등과의 경쟁에서 승리하며 인류 문명의 싹이 틀 날을 기다렸다. 농사를 짓기도 목축을 하기도 어려워 문명이 이루어지기 힘들었던 험한 기후 조건 덕분에 오히려 인류는 먼 훗날 빙하기가 끝난 뒤 문명의 싹을 틔울 밑거름을 다질 수 있었다.

지구에 찾아온 빙하기

50억여 년 전 지구가 탄생한 뒤, 기후는 계속해서 변해왔다. 이에 따라 지구상에 존재했던 수많은 생물이 흥망성쇠를 거듭했다. 예를 들어 중생대의 지구는 오늘날보다 기온이 높았고, 그 덕분에 양치식물과 공룡이 번식할 수 있었다. 그리고 공룡은 화산의 대규모 분출 또는 운석의 충돌에 따른 기후변화를 견디지 못하고 멸종했다고 알려져 있다.

6,600만여 년 전에 시작된 신생대에도 기후변화가 여러 차례 일어났고, 그 과정에서 다양한 동식물이 탄생과 멸종을 거듭했다. 신생대 중에서도 지금으로부터 260만~1만 2,000여 년 전의 시기를 플라이스토세라 부른다. 이때는 대체로 지구 평균 기온이 오늘날보다 5~10도가량 낮았고, 빙하기가 이어졌다. 특히 마지막 빙하기가 절정에 이르렀던 1만 8,000여 년 전에는 지구 전체 지표의 35퍼센트가 완전히 빙하에 덮여 있었다. 물론 빙하에 덮이지 않은 지역도 대체로 지금보다 한랭했다. 그러다 보니 플라이스토세에는 오늘날의 코끼리와 달리 풍성한 털과 두꺼운 가죽을 지닌 매머드, 초식동물의 두꺼운 가죽과 지방층을 뚫기 위해 길고 강한 엄니를 가진 검치호, 추위에 강한 침엽수와 같은 동식물이 번성했다.

재미있는 사실은, 플라이스토세 내내 빙하기만 이어지지는 않았다는 점이다. 플라이스토세에는 대체로 빙하기인 기간이 길었지만, 수만 년에서 십수만 년을 주기로 간빙기間氷期가 왔다가 다시 빙하기가 이어지는 패턴을 보였다.

1만 2,000년쯤 전에는 플라이스토세의 매섭던 추위가 잦아들고, 극지나 고산 지대 정도를 제외한 땅에서는 빙하가 녹았다. 빙하기의 기후와 환경에 적합하게끔 진화했던 매머드, 검치호 등은 멸종하고, 우리가 알고 있는 동식물이 지구상에 모습을 드러내거나 번성했다. 즉, 우리에게 익숙한 기후와 자연환경은 홀로세라 불리는 1만 2,000여 년 전에야 비로소 형성되었다.

어떤 학자들은 1만 2,000여 년 전에 단지 간빙기가 시작되었을 뿐이며, 어쩌면 가까운 미래에 또 다른 빙하기가 올 수 있다고 주장한다. 반면 인류가 문명을 발달시키면서 대기 중에 이산화탄소를 많이 배출한 덕분에, 빙하기가 오지 않고 인류 문명이 이어질 거라고 보는 견해도 있다. 물론 50억여 년 전에 탄생한 이후로 지구의 기후가 계속해서 변해왔음을 상기한다면, 언젠가 지구에 또다시 빙하기가 도래할지도 모를 일이다. 하지만 이런 견해는 이산화탄소를 비롯한 온실가스 배출을 억제하기 위해 전 세계가 노력하고 있는 오늘날의 상식에서 보면 이해하기 어렵다. 자연적인 기후변화는 아무리 짧아도 수백 년, 길게는 수천만 년에서 1억 년 이상의 주기로 이루어지는데, 최근에는 인간의 무절제함 때문에 몇 년에서 몇십 년으로 눈에 띄게 그 주기가 짧아졌다. 이처럼 급격하고 인위적인 기후변화는 생태계는 물론 인류 문명에도 심각한 위기를 가져올 수밖에 없다. 기후위기를 대수롭지 않게 생각하거나 온실가스를 마음대로 방출해도 괜찮다고 여겨서는 곤란한 이유다.

아프리카 남부에서
십만 년을 보내다

현생인류는 20만여 년 전에 아프리카 남부에서 등장했다고 알려져 있다. 이 시기는 간빙기였고, 아프리카 남부는 빙하기에도 빙하에 덮여 있지 않은 지역이었다. 당시 인류는 온난하고 무더운 기후에 적합한, 오늘날의 아프리카인과 유사한 모습이었다.

더운 아프리카 남부에서 발생한 인류의 신체는 한랭한 기후를 견뎌내는 데 적합하지 못했다. 다른 동물에 비해 맨몸으로 생존하기에 적합하지도 않았다. '털 없는 원숭이'라는 별명에서 알 수 있듯이, 인류에게는 추위를 막아줄 털이 없었다. 머리카락과 같은 인체 일부에 난 털로는 추위를 막기에는 역부족이었다. 피부는 얇고 연약하며, 독이나 질병에도 취약했다. 체구는 작은 편이 아니지만, 근력은 매우 약했다. 빠른 속도로 민첩하게 움직이지도 못했다. 게다가 시각을 제외한 후각, 청각 등의 다른 감각도 둔했다. 한마디로 태초의 인류는 아프리카 남부 땅에서나 겨우 살아갈 만한 지리적 특이종이었던 셈이다.

하지만 인류는 멸종하기는커녕 빙하기를 견디며 전 세계로 퍼져 나갔다. 인류는 약하고 느린 신체를 보완할 뛰어난 두뇌와 직립보행 능력, 두 팔과 두 손 그리고 튼튼한 어깨를 갖고 있었다. 두 다리로 곧게 서서 움직이는 직립보행은 네 다리를 모두 쓰는 다른 동물에 비해 민첩하게 움직이는 데는 불리했다. 하지만 두 다리만 사용하므로 먼 거리를 꾸준하게 이동하는 데는 오히려 유리했다. 허리를 곧추세워 설 수 있어 동물보다 훨씬 멀리 볼 수 있는 시야도 얻을 수 있었다. 장거리 이동에 적합하고 시야가 넓다는 신체적 특징은, 인류에게 먼 거리를 극복하고 지리적으로 폭넓게 이주할 힘을 선사했다.

직립보행 덕분에 인류의 앞다리와 앞발은 팔과 손이 될 수 있었다. 보행에서 벗어난 어깨는 물건을 자유롭게 던지거나 휘두를 수 있게 해주었다. 무엇보다 인류의 두뇌는 점차 다른 동물과는 비교할 수 없는 수준으로 발달했다. 뛰어난 두뇌와 팔, 손, 어깨를 갖춘 인류는 도구와 불을 사용했고, 동굴에 벽화를 그리거나 죽은 친지를 매장하고 애도하는 등의 원시적인 문화까지 만들어냈다. 나중에는 개를 길들여 인류의 부족한 후각과 청각, 민첩함을 보완하기도 했다.

그 덕분에 인류는 이미 선사시대부터 다른 동물과의 경쟁에서 우위에 있었다. 뗀석기와 나무, 동물의 뼈 등을 이용해 만든 도구를 손에 쥔 인류는 동물이나 물고기를 사냥하고, 나무 열매 등 먹을 만한 식물을 채집하며 살아갔다. 날씨가 추워지면 불을 피워 몸을 녹였고, 수렵과 채집으로 얻은 먹거리를 불에 익혀 더 맛있고 소화가 잘되는 음식으로 즐겼다.

하지만 인류는 지구상에 출현한 뒤 무려 8만~10만여 년 동안 아프리카 남부를 벗어나지 못했다. 아프리카 중부와 북부에 사하라 사막이 넓게 펼쳐져 있었기 때문이다. 사막은 현생인류가 생존할 수 있는 땅이 아니었다. 사하라사막이라는 거대한 지리적 장애물을 넘어 다른 곳으로 이동한다는 것은 더더욱 불가능한 일이었다.

사막을 넘어 빙하를 타고 지구 전역으로

인류는 지금으로부터 12만~9만여 년 전에 드디어 남아프리카를 벗어났다. 이 무렵에 접어들어 지구 자전축이 바뀌면서 사하라사막에는 습기를 가득 품은 계절풍이 불었다. 때마침 지구 기온도 계속해서 낮아졌다. 그 덕분에 메마른 사막에는 비가 자주 내렸고, 기온이 낮아지니 수분의 증발량도 줄었다. 사하라사막은 강물이 흐르고 동물이 뛰노는 초원으로 바뀌었다. 기후변화가 아프리카의 지리적 환경을 바꾸면서 인류는 한층 넓은 세계를 향해 발걸음을 내딛을 수 있었다.

　초원으로 변한 사하라사막은 인류에게는 신천지나 다름없었다. 수많은 인류는 새로운 삶의 터전과 먹거리를 찾아 북쪽으로 이주했다. 수만 년에 걸친 이주 끝에 인류가 분포하는 영역은 아라비아반도가 있는 서남아시아까지 확대되었다. 하지만 그들의 이주 행렬은 7만~6만여 년 전에 일어난 기후변화 때문에 잠시 멈추게 되었다. 빙하기로 인한 기후변화가 사하라 지역을 또다시 사막으로 만들면서 사하라 북쪽으로 이주한 현생인류는 고향으로 돌아갈 길을 잃고 말았다.

빙하기는 인류가 아프리카와 서남아시아를 넘어 지구 전역으로 퍼져 나갈 기회이기도 했다. 본격적으로 빙하기에 접어들면서 해수면이 오늘날보다 최대 90미터까지 낮아졌기 때문이다. 그러다 보니 유라시아 대륙과 가까이 있는 영국, 일본, 인도네시아와 필리핀, 뉴기니 등의 섬은 물론, 호주와 아메리카 대륙까지 육지로 이어졌다. 그 덕분에 인류는 유라시아 각지는 물론, 오늘날에는 바다로 분리된 다른 대륙과 섬들에까지 이주할 수 있었다.

6만~4만여 년 전에는 빙하기와 더불어 서남아시아가 건조한 불모지로 변했다. 인류는 새로운 삶터를 찾아야 했다. 사하라사막에 가로막힌 옛 고향으로 되돌아갈 수는 없었다. 인류는 북쪽과 동쪽을 향해 발걸음을 옮기기 시작했다. 때마침 유럽에는 습윤한 계절풍이 불었다. 북유럽은 빙하에 덮여 있었고 중부 유럽에도 척박한 툰드라가 넓게 펼쳐져 있었지만, 남유럽과 동유럽의 넓은 평야에는 스텝뿐만 아니라 비교적 비옥한 초원과 삼림이 펼쳐져 있었다. 이러한 환경은 인류가 수렵·채집 생활을 하며 지내기에 알맞았다. 남유럽과 동유럽의 비옥한 땅에 뿌리를 내리기 시작한 인류는 불과 도구 그리고 털가죽 옷의 힘을 빌려 중부 유럽의 툰드라까지 진출했다.

한편 비슷한 시기에 북쪽 대신 동쪽으로 발길을 돌린 인류도 많았다. 이때에는 동남아시아 일대가 온난한 기후였고, 해수면이 낮아졌기 때문에 뉴기니, 필리핀, 인도네시아 등의 섬들도 유라시

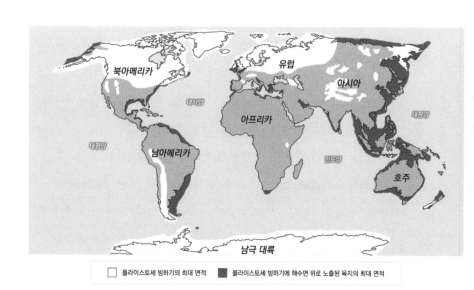

□ 플라이스토세 빙하기의 최대 면적　■ 플라이스토세 빙하기에 해수면 위로 노출된 육지의 최대 면적

플라이스토세 빙하기에 인류는 아프리카와 서남아시아를
넘어 지구 전역으로 퍼져나갔다. 해수면이 오늘날보다
최대 90미터까지 낮아지면서 유라시아 대륙 주변의 섬은 물론,
호주와 아메리카 대륙까지 육지로 이어진 덕분이다.

아 대륙과 이어져 있었다. 호주 대륙은 유라시아와 완전히 이어져 있지는 않았지만, 그 사이의 바다는 오늘날과 달리 매우 얕고 폭이 좁으며 따뜻했다. 인류는 따뜻한 땅을 찾아 육지로 이어진 동남아시아 등으로 퍼져 나갔다. 이어서 3~5만 년 전에는 호주에까지 발을 들이는 데 성공했다. 원시적인 통나무배나 뗏목 정도로도 호주와 동남아시아 사이의 바다를 건너는 데 무리가 없었기 때문이다.

한편 인류가 이주하기 수만~수십만 년 전부터 유럽에는 네안데르탈인, 아시아 각지에는 자바원인과 베이징원인 같은 호모에렉투스의 분파들이 살고 있었다. 호모에렉투스는 현생인류와 네안데르탈인의 직계 조상 격인 고인류이고, 네안데르탈인은 현생인류의 사촌 격에 해당하는 고인류이다. 이들은 인류가 유럽과 아시아에 이주한 뒤에도 2~3만 년 이상 인류와 공존했다. 네안데르탈인과 호모에렉투스는 현생인류와 마찬가지로 불과 도구를 사용했고, 문화생활도 할 줄 알았다. 하지만 호모에렉투스와 네안데르탈인은 2~3만 년쯤 전에 지구상에서 모습을 감추고 말았다. 이들이 왜 멸종했는가에 대해서는 학계에서도 의견이 분분하지만, 결과적으로 호모에렉투스와 네안데르탈인은 현생인류와의 경쟁에서 패한 셈이다.

인류는 동남아시아에서 동쪽과 북쪽으로 계속 이주를 하다가 1만 5,000년쯤 전에 드디어 아메리카 대륙에까지 발을 들였다. 아직 빙하기였지만, 전성기를 지나 끝물에 접어든 무렵이었다. 빙하기

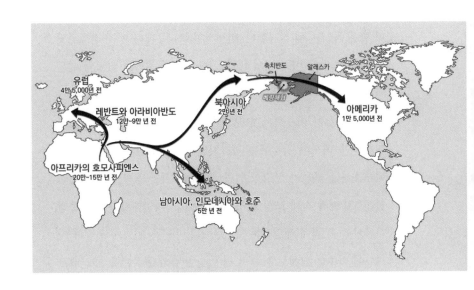

남부 아프리카에서 탄생한 인류는 사하라사막을 건너고
북쪽과 동쪽으로 발걸음을 옮겨 유럽과 동남아시아를 거쳐,
빙하기와 간빙기가 교차하는 절묘한 타이밍을 놓치지 않고
축치반도까지 도달해 베링해협을 건너 아메리카까지 도착했다.

가 절정을 이루었던 1만 8,000년 전이라면 인류는 베링해협 근처까지 갈 엄두도 못 냈을 것이다. 하지만 빙하기의 절정기가 지나고 기후가 조금 온난해지면서 인류가 유라시아의 북동쪽 끝인 축치반도 일대까지 접근할 수 있었다. 빙하기의 끝물에 이르러 해수면이 조금씩 상승했지만, 아직은 빙하기였기에 베링해협은 여전히 땅으로 이어져 있었다. 빙하기와 간빙기가 교차하는 절묘한 타이밍에 축치반도까지 도달한 인류는 그 틈을 놓치지 않고 베링해협을 건넜다.

베링해협 너머에는 거대한 아메리카 대륙이 펼쳐져 있었고, 인류는 수천 년에 걸쳐 아메리카 전역으로 퍼져 나갔다. 이로써 인류는 빙하기의 기후변화 덕분에 지구 전역에 뿌리를 내릴 수 있었다. 10만 년 가까이 아프리카 남부를 벗어나지 못했지만, 빙하 타고 내려와 친구를 만난 둘리처럼, 빙하를 타고 전 세계로 뻗어 나갈 수 있었던 셈이다.

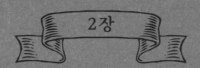

2장

홀로세의 온기로
문명의 싹을 티우다

지금으로부터 1만 2,000여 년 전, 마지막 빙하기가 끝났다. 지표면의 3분의 1을 뒤덮었던 빙하가 녹기 시작했고, 지구는 수천 년에 걸쳐 온난한 기후로 변했다. 이에 따라 해수면이 상승하면서 유라시아와 이어졌던 호주, 아메리카는 별개의 대륙이 되었고, 영국, 일본, 뉴기니, 인도네시아 등은 섬이 되었다. 빙하기가 끝나면서 지구는 오늘날의 지형도에 나타난 모습과 닮은 땅과 바다를 갖추었다.

따듯해진 홀로세의 지구에서, 인류는 야생 식물과 동물을 작물화·가축화하여 식량을 생산하는 방법을 터득했다. 땅의 모습과 환경이 바뀐 덕분에, 인류는 거대하고 체계화된 집단을 이루며 살아갈 힘을 얻었다. 식량 생산 능력이 발달할수록 인간 집단은 더한층 규모가 커지고 체계화·전문화되었다. 기후변화가 불러온 전지구에 걸친 환경 변화는 문명이 태동할 수 있는 지리적 밑그림을 그려주었다.

야생 동식물을
가축과 작물로 기르다

인간과 다른 동물 간의 차이는 무엇일까? 여러 가지가 있겠지만, 농사를 짓고 가축을 길러 식량을 생산할 수 있는 능력은 오직 인간에게만 있다. 인간이 아닌 동물은 아무리 지능이 높고 신체가 강인하다고 하더라도 야생에서 먹이를 찾아 헤맬 뿐 식량을 생산하지는 못한다.

그렇다면 인류는 어떻게 식량을 생산할 수 있었을까? 물론 식량 생산을 위해서는 농업과 목축에 필요한 도구와 기술을 개발할 수 있는 뛰어난 두뇌가 필요하다. 하지만 그것만으로는 인류만이 식량을 생산할 수 있는 까닭을 충분히 설명할 수 없다. 농업, 목축업 등으로 식량을 생산하려면 기후, 토질, 하천 등 지리적 조건이 먼저 갖추어져야 한다. 그런 다음에 작물로 재배하거나 가축으로 기르는 데 적합한 야생 동식물이 존재해야 한다. 즉, 지리적 조건이 충분히 받쳐주지 않으면, 정교한 도구와 불을 사용하고 문화생활까지 누릴 만큼 지능이 뛰어난 생명체라 하더라도 식량을 생산하고 이를 바탕으로 문명을 이룩할 수 없는 법이다.

현생인류는 무려 19만 년 동안 식량을 생산하지 못했다. 현생인류보다 훨씬 먼저 출현한 호모에렉투스, 네안데르탈인 등도 도구와 불을 사용하며 나름의 문화까지 발달시켰지만, 마찬가지로 식량을 생산하는 단계에 이르지는 못했다. 춥고 건조한 플라이스토세의 빙하기는 식량 생산에 적합한 환경이 아니었다. 비교적 온난한 지역이라 하더라도 대체로 지금보다 기온이 낮았기 때문에, 삼림 대신 초원이 펼쳐진 곳이 많았다. 작물로 개량할 만한 야생식물을 찾기도 어려웠다. 매머드나 검치호 같은 빙하기에 적응한 야생동물 역시 길들이기에는 너무 크고 사나웠다. 인류는 3만~1만 년 전에 개를 길들여 사냥에 활용했지만, 그 외의 동식물을 작물화하거나 가축화하지는 못했다.

게다가 빙하기에는 인구 자체가 적었고 인구밀도도 낮았기 때문에 살던 곳에 사냥감이나 야생식물이 부족해지면 다른 곳으로 쉽게 이동할 수 있었다. 그러다 보니 인류가 수렵·채집 외의 다른 생존법을 찾을 필요성도 적었다.

마지막 빙하기가 끝남에 따라 기후가 온난해지면서 지구의 생태도 바뀌었다. 우선 식생이 변했다. 빙하와 툰드라에 덮여 있던 땅은 삼림이 우거진 땅으로 변모했다. 비교적 온난한 초원 지대 역시 삼림과 습지가 펼쳐지고 강이 흐르기 시작했다. 이에 따라 식물의 종 또한 다양하게 분화했고, 그 과정에서 작물로 삼을 만한 야생 밀, 야생 호박, 야생 콩 등의 식물도 등장했다.* 아울러 빙하기의 거대한 야생동물은 대부분 멸종하고, 온난해진 기후에 적

....

* 야생식물 가운데 식용할 수 있는 식물의 종은 생각보다 적으며, 작물화할 만한 종은 더욱 적다. 무독성, 영양소, 먹을 만한 맛과 냄새, 식용 및 가공하기에 적합한 크기와 형태, 재배하기에 적합한 생태와 번식 특성 등 까다로운 조건들을 충족해야 하기 때문이다. 재레드 다이아몬드, 김진준 옮김, 2012, 《총, 균, 쇠》, 문학사상사, 196~229쪽.

응하는 데 유리한, 오늘날 우리가 볼 수 있는 상대적으로 작고 빠른 동물들이 지구상에 등장했다.

한편 지구 전역으로 퍼져 나간 인류는 각지의 기후와 자연환경에 적응하며 번성해 나갔다. 이미 플라이스토세의 구석기시대에 매머드는 물론 고래까지 사냥할 정도로 수준 높은 석기 제조 기술과 사냥 기술, 조직력 등을 발달시켜둔 인류는 그 힘을 활용하여 이주한 땅의 새로운 환경에서도 적응해갔다. 온난해진 기후 덕에 인류는 더욱 넓은 지역으로 퍼져 나갈 수 있었고, 그 과정에서 점점 빠르게 인구가 증가하고 인구밀도도 높아졌다.

따듯해진 지구에서 식량을 생산하다

빙하기가 끝나면서 기후가 온난해졌으니 인류는 더욱 번성할 수 있었을까? 반드시 그렇지만은 않았다. 거대한 동물이 자취를 감추면서 인류는 식량, 특히 열량과 단백질, 지방을 많이 함유한 먹거리를 구하기가 오히려 어려워졌다. 현대인과는 비교할 수 없을 정도로 활동량이 많았던 선사시대의 인류에게 이는 심각한 문제였다. 게다가 인구의 증가로 먹거리가 될 야생 동식물을 찾아 다른 땅으로 이동하는 방식도 효과가 떨어졌다.

해수면의 상승으로 인한 지구의 지형 변화는 빙하기가 끝난 뒤의 식량 문제를 한층 심해지게 했다. 지리적으로 고립된 섬 지역에서는 사냥감 찾기가 더 힘들어졌다. 심지어 호주 같은 큰 대륙에서조차 인류의 수렵으로 인해 대형 동물들이 멸종하는 일이 벌어졌다. 인류는 이제 사냥감과 채집할 거리를 찾아 이동하면서 살아가는 단계를 벗어나야 했다.

다행히도 풍부하고 다양해진 식생 덕분에 인류는 여러 식물을 먹거리로 삼을 수 있었다.[1] 그 과정에서 인류는 식물을 길러서 그 줄기나 잎사귀, 열매, 씨앗 등을 먹을 수 있다는 사실을 깨달았다. 처음에는 우연히 발견했겠지만, 그런 경험이 점차 쌓이면서 인류는 식량 확보를 위한 식물 재배를 확대해갔다. 1만 년쯤 전부터 5,000~4,000년 전에 걸쳐 지구상의 여러 지역에서 시작된, 원시적인 농경의 서막이었다. 농경의 시작은 지구 전역에서 동시다발적으로 시작되지는 않았다. 식용으로 재배할 수 있는 야생식물이 자생하는 지역, 즉 주로 위도가 낮은 열대나 아열대에 한정되었고, 지역 간에도 수천 년의 편차가 있었다.

더구나 원시적인 농업이 하루아침에 '농업혁명'으로 이어진 것도 아니었다. 초창기의 농업은 오늘날과는 비교할 수 없을 정도로 생산성이 낮았다. 인류가 초기에 재배했던 작물들은 강아지풀과 같은 야생식물이었기 때문이다. 농업기술 역시 매우 원시적이었다. 그러다 보니 수천 년 동안 농업은 주식을 확보하기 위한 수단이 아니라 수렵과 채집으로는 부족한 식량을 보충하기 위한 보조 수단 정도에 머물렀다.

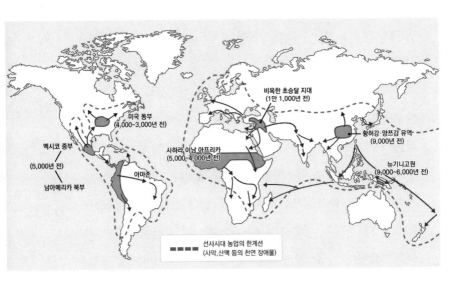

인류는 1만 년쯤 전부터 5,000~4,000년 전에 걸쳐
지구상의 여러 지역에서 식량 확보를 위한 식물 재배를 시작했고,
이렇듯 작물과 가축의 원산지에서 출발한 선사시대 농업은 곧
지구 곳곳으로 퍼져 나가 문명의 토대를 이루었다.

하지만 농업을 통한 식량 생산은 수렵·채집과는 비교할 수 없는 이점이 있었다. 수렵·채집 생활에서는 사냥감이나 야생식물을 찾지 못하면 여러 날을 굶거나 심하면 목숨을 잃을 수도 있었다. 그러니 인구 부양력에는 한계가 뚜렷했다. 게다가 식량이 떨어지면 다른 땅으로 식량을 찾아 이동해야 하므로 한곳에 정착하기란 사실상 불가능했다.

하지만 농경은 비교적 안정적으로 식량을 제공했다. 이에 따라 인구 부양력이 증가함은 물론, 식량을 찾아 이동할 필요가 줄어드니 정착 생활도 할 수 있게 되었다. 농경을 통한 식량 생산의 이점을 체득한 인류는 농경의 비중을 갈수록 늘렸다. 그 과정에서 잘 자라고 맛과 영양이 풍부한 돌연변이를 골라 재배했고, 나중에는 품종개량을 통해 더 맛있고 영양소가 풍부하며 수확량도 많은 작물을 개발했다. 야생식물과 다를 바가 없었던 초창기의 작물은 점차 농작물의 형태로 변모해갔다.

인류는 빙하기가 끝난 뒤에 등장한, 몸집이 적당히 크면서도 순한 포유동물을 길들이기 시작했다. 빙하기로 인해 식생이 발달하면서 동물들의 먹이를 수급하기도 쉬워졌다. 물론 인류가 사육에 성공한 야생동물은 말, 소, 돼지, 양 등 일부였다. 예를 들어 얼룩말과 아메리카들소는 얼핏 말이나 소와 비슷해 보이지만, 워낙 사나워 길들일 수 없었다. 하지만 대형 포유류의 사육은 인류에게 곡식이나 채소와는 질이 다른 양질의 단백질과 지방 그리고 높은 열량을 제공했다. 가축을 사육하면서 인류는 수렵보다 훨씬 안전하면서도 안정적으로 육류와 지방 그리고 가죽이나 뿔과 같은 부산물을 얻을 수 있었다.

게다가 말이나 소, 당나귀 같은 가축은 몸집이 크고 힘도 세서 노동력으로 이용할 수도 있었다. 대형 가축에게 멍에를 씌워 밭을 갈고 무거운 짐을 나르도록 하는 방법을 발견하면서 농경의 효율은 극대화되었다.

작물과 가축의 원산지에서 처음 이뤄진 식량 생산은 지구 곳곳으로 퍼져 나갔다. 메소포타미아와 이집트에서 찬란한 고대 문명이 꽃피는 데 크게 기여한 밀은 유럽과 중앙아시아로 전파되면서 유라시아의 광대한 지역을 밀 문화권으로 만들었다. 중앙아시아가 원산지인 포도 역시 재배하는 데 적합한 기후와 환경을 지닌 캅카스와 지중해 일대로 퍼졌고, 이들 지역은 포도의 대표적인 명산지로 거듭났다. 가축 역시 마찬가지였다. 일례로 말은 우크라이나와 카자흐스탄 북서부의 스텝 지대가 원산지이지만, 환경 적응력이 뛰어났기 때문에 처음 말을 길들인 유목민과 함께 유라시아 전역으로 퍼져 나갔다.

농경과 목축이 수백 수천 년 이상 이어지면서 농작물과 가축은 생산성과 맛, 영양소 면에서 수렵·채집을 통해 얻을 수 있는 야생 동식물을 확실하게 능가할 정도로 향상되었다. 물론 농사를 짓고 가축을 사육하는 일은 수렵·채집 못지않게, 때로는 그 이상으로 힘든 일이었다. 오늘날에도 농업과 목축업은 쉬운 일이 아니지만, 기술 수준이 오늘날과는 비교할 수 없을 정도로 낙후했던 수천 년 전에는 더더욱 고되고 힘든 일이었다. 그러다 보니 인류가 식량 생산, 특히 농경을 본격적으로 시작하면서 수렵·채집을 하던 시절보다 오히려 체구가 줄어들고 건강 상태도 악화되었다는 연구 결과도 있다.[2]

하지만 식량 생산의 발달로 인류는 먹거리를 안정적으로 확보할 수 있게 되었고, 더 많은 인구를 더욱 효과적으로 부양할 힘을 얻었다. 그러면서 수렵·채집 활동은 점차 농경과 목축에 자리를 내주었다. 식량 생산은 수천 년에 걸쳐 지구 곳곳으로 확산되었다. 지구가 야생의 땅에서 농경과 목축의 땅, 나아가 문명의 땅으로 변모해가는 대변혁이 일어나고 있었다.[3]

남는 식량을 거름 삼아
움트는 문명

농업과 목축을 통한 식량 생산이 수렵·채집을 제치고 인류의 주된 식량 공급원으로 자리매김하면서 인류의 생활 방식은 획기적으로 변했다. 우선 먹거리를 찾아 여러 장소를 떠돌아다니던 방식에서 한 지역에 정주하는 형태로 바뀌었다. 식량 생산을 중심으로 하는 생활을 하면서 떠돌아다닐 필요가 없어졌을 뿐만 아니라 떠돌아다녀서는 안 되는 상황이 되었기 때문이다. 농사를 지으려면 떠돌아다니는 생활을 할 수가 없다. 목축 역시 마찬가지다. 수많은 가축을 먹이려면 사육에 적합한 곳을 찾아 그곳에서 가축을 길러야 하기 때문이다. 하다못해 유목인도 정처 없이 떠도는 식이 아니라, 가축의 먹잇감인 풀의 생장 속도와 환경에 따라 여러 장소를 주기적으로 교대하듯 이동한다. 이렇듯 농업과 목축 기술이 발달하여 식량 생산량이 증가할수록 인류는 더욱 확고한 정착 생활을 할 수밖에 없었다.

식량 생산의 발달은 기술의 발달과도 맞물렸다. 식량 생산의 효율성을 높이려면 기술 발달이 필수적이었기 때문이다. 인류는 흙을 빚어 식량과 종자를 저장할 토기를 만들었다. 더욱 정교한 농업과 목축업을 시도하는 과정에서, 날카롭게 깨뜨린 돌과 다를 바 없었던 뗀석기는 복잡하고 정교한 형태를 지닌 간석기로 발전했다. 기술과 도구가 진보하니 식량 생산의 효율성 또한 증가했다. 그러면서 인류는 당장 생존하는 데 필요한 양보다 더 많은 식량을 생산해냈다. 즉, 잉여생산물이 등장했다.

정착 생활과 잉여생산물은 작은 무리를 짓고 살아가던 인류의 생활양식을 크게 바꾸었다. 남는 식량이 생길 정도로 인구 부양력이 향상되고, 떠돌아다니는 대신 한자리에 정착해 살아가게 되자 인간 집단의 규모가 커졌다. 그뿐만이 아니었다. 잉여생산물의 등장으로 지도자, 제사장, 군인, 기술자 등 직접 식량을 생산하지 않지만 인간 집단의 유지와 발전에 큰 도움을 주는 직업이 생겨났다. 정착 생활 덕분에 이들은 기술과 문화를 더욱 효율적으로 발전시킬 수 있었다. 인류는 돌이 아닌 구리나 주석과 같은 금속을 사용하고, 나아가 합금인 청동으로 도구를 만드는 경지에 이르렀다. 게다가 잉여생산물은 인간 집단의 계층 분화를 가져왔다. 잉여생산물의 소유는 곧 권력을 의미했기에, 인간 집단 내부는 잉여생산물을 가진 지배계급과 그러지 못한 피지배계급으로 나뉘었다. 그러면서 인간 집단은 씨족, 부족과 같은 규모가 크고 체계적인 형태로 변모해갔다.

식량 생산 능력, 인간 집단의 규모 그리고 기술력은 톱니바퀴처럼 맞물리며 계속해서 커지고 발전해갔다. 식량 생산 능력의 증대는 인간 집단의 규모를 키웠을 뿐만 아니라 전문 기술을 갖춘 사람들의 활동도 촉진했고, 이에 따라 기술과 도구의 진보 속도가 빨라지면서 식량 생산 능력도 한층 더 증가했다. 그러면서 씨족과 부족 집단의 규모가 커졌을 뿐만 아니라 구조 또한 이전과는 확연히 다르게 체계화되고 전문화되었다. 그렇게 인류는 점차 문명의 싹을 틔울 수 있었고, 이러한 일련의 과정에서 홀로세의 기후변화가 그 원동력이 되었다.

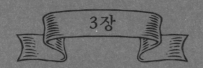

3장

축의 비밀,
고립을 넘어 교류로

정주 생활을 가능하게 하고 잉여생산물을 축적할 수 있게 해준 식
량 생산은 문명이라는 인류사의 거대한 혁신으로 이어졌다. 문명
이 출현하면서 인류는 선사시대를 졸업하고 역사의 시대로 접어
들었다.

그런데 문명은 지구 전역에서 동일한 속도로 발달하지 않았다.
이집트, 메소포타미아와 같이 무려 5,000년 전에 고도의 문명이
꽃핀 지역이 있는가 하면, 심지어 오늘날에조차 선사시대 수준의
생활을 이어가는 지역도 있을 정도이다. 또한 유럽이나 일본, 중앙
아시아와 같이 외부로부터 문명을 뒤늦게 받아들였지만 빠른 속도
로 문명의 발달을 따라잡은 지역이 있는가 하면, 뉴기니와 같이 일
찍부터 식량을 생산했지만 끝내 자생적인 문명을 세우지 못한 지
역도 있다. 심지어 메소포타미아 지역은 인류 최고最古의 문명이
싹튼 문명의 요람이었지만 지금은 황량한 땅으로 남아 있다.

왜 그럴까? 문명이 발달하려면 땅과 기후라는 지리적 조건이
갖추어져야 한다. 유사 이래 기후변화는 땅의 모습을 바꾸면서 문
명의 운명과 역사의 흐름까지도 좌우해왔다.

고대 문명, 땅과 기후의 축복

세간에서는 흔히 메소포타미아문명, 이집트문명, 인더스문명, 황허문명을 '세계 4대 문명'이라고 부른다. 문명이란 혈연으로 연결된 씨족이나 부족과 달리, 혈연으로 직접 이어지지 않은 수천수만명 이상에 이르는 많은 인구로 이루어진다. 체계화·전문화·분업화된 사회제도와 고도로 발달한 건축물이 있으며, 농경지나 목축지와는 분리된 도시 그리고 많은 인구를 통제할 권력과 종교 체제를 갖추었다는 특징을 지닌다.[4] 이들 고대 문명은 유프라테스·티그리스강, 나일강 등 거대한 하천 덕분에 발달할 수 있었다고 알려져 있다.

대규모 하천은 문명 발달의 중요한 전제 조건이다. 하지만 단지 하천 덕분에 문명이 발달했다고 보는 것은 지나친 단순화 또는 비약이다. 아마존강, 볼가강, 미시시피강 등도 규모로 따지면 4대 문명을 발달케 한 하천들에 못지않지만, 이 하천들 주변에서는 고대 문명이 탄생하지 않았다.

문명이 발달하기 위해서는 대규모의 식량 생산이 전제되어야 한다. 그러기 위해서는 대규모 하천이 있어야 하지만, 그 이전에 식량 생산에 적합한 기후와 작물화·가축화할 야생 동식물이 존재해야 한다. 즉, 문명의 형성과 발달은 이러한 두 가지 지리적인 조건이 충족될 때야 비로소 이루어질 수 있다.

지구상에서 이러한 조건을 갖춘 지역은 비교적 위도가 낮은 메소포타미아, 황허강과 양쯔강 유역, 멕시코 중부의 고원지대 등지였다. 이러한 지역은 위도가 낮으면서도 농경과 문명 발달에 부적합한 열대우림 같은 기후가 아닌, 인류의 활동에 적합한 기후가 나타났다. 예를 들어 황허강과 양쯔강 유역은 거대한 두 하천이 만든 충적평야와 더불어 농경과 문명 발달에 유리한 온난한 기후와 지리적 조건을 두루 갖추었다. 멕시코 고원지대는 위도는 낮지만 고지대라 비교적 쾌적한 기후 조건을 갖추고 있고, 작물화할 만한 야생식물도 자생하여 일찍부터 농경이 이루어졌다. 덕분에 아스테카와 같은 고도로 발달한 문명까지 성립할 수 있었다. 아울러 메소포타미아는 고대부터 강수량이 낮은 반건조기후대에 속했지만,[5] 강수량이 풍부한 아나톨리아 북동부 고원에서 발원한 유프라테스·티그리스강이 형성한 삼각주와 충적평야 덕분에 매우 이른 시기부터 농경이 이루어질 수 있었다. 두 하천의 강물을 관개를 통해 끌어들여 농사를 지을 수 있었기 때문에,[6] 인류 최고最古의 메소포타미아문명이 발달할 수 있었다.

외부와 교류하는 것도 문명 발달의 중요한 요건이다. 문명의 성립과 발달은 외부로부터 작물과 가축 그리고 기술과 문화를 받아들이며 활발히 교류할 때 효과적으로 이루어질 수 있다. 그런데 외부와의 교류 또한 기후와 밀접한 관계가 있다.

재레드 다이아몬드는 《총, 균, 쇠》에서 유라시아의 동서축은 아프리카와 아메리카의 남북축에 비해 극단적인 환경이 적어 교류가 쉬웠기 때문에, 유라시아가 이들 대륙보다 빠른 속도로 문명을 발

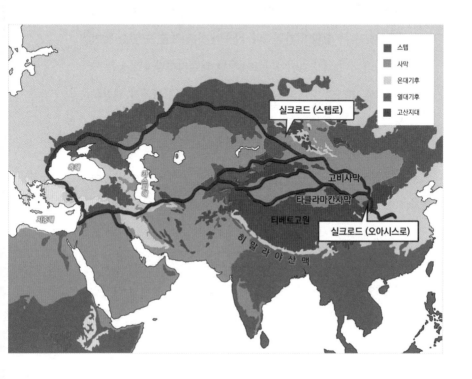

실크로드는 크게 스텝 지대를 통하는 스텝로와 고비사막,
타클라마칸사막의 오아시스로 이어지는 오아시스로로 구분된다.
이외 동남아시아와 인도, 아라비아를 잇는 바닷길도
고대부터 실크로드의 한 축을 이루며 동서 교역에 활용되었다.

달시킬 수 있었다고 언급한다.[7] 유라시아의 동서축은 중앙아시아에서 흑해 연안으로 이어지는 유라시아 중부의 거대한 스텝 지대로 이어져 있었다. 이 스텝 지대는 건조하지만 사막기후가 아닌 스텝기후여서 유목 생활이 가능했다. 가축의 사료로 쓸 수 있는 풀이 자랐기 때문이다. 중앙아시아의 고비사막, 타클라마칸사막 등은 사하라사막에 비하면 상대적으로 규모가 작고, 스텝 지대와 톈산산맥 등에 가로막힌 비구름에 의해 형성된 온대기후대와 하천 등과도 인접해 있었다. 그러다 보니 이들 사막에는 오아시스가 발달할 수 있었다. 사막의 오아시스는 중앙아시아의 스텝과 더불어 고대부터 실크로드의 중심지로 동서 문명 교류사의 거점 역할을 했다.

지중해 연안 역시 인류의 활동에 매우 적합한 지중해성기후가 나타났다. 그 덕분에 인더스강 유역, 이집트, 크레타섬 등은 농경이 처음 시작된 곳은 아니었지만, 외부와의 교류를 통해서 인더스문명, 이집트문명, 미노아문명 등의 수준 높은 고대 문명을 꽃피울 수 있었다. 물론 이들 지역 역시 식량을 처음 생산한 지역 못지않게 농경과 목축에 적합한 기후 조건을 지녔다.

반면 아프리카의 경우, 열대수렴대 Intertropical Convergence Zone, ITCZ 의 영향을 받아 형성된 거대한 사하라사막과 열대우림, 사바나 때문에 식량 생산이나 문명 교류에 적합하지 못했다. 그러다 보니 현생인류의 발상지인 사하라 이남 아프리카에서는 식량을 생산하면서도 오랫동안 본격적인 문명이 발달하지 못했다.

아메리카 대륙에서는 마야, 아스테카, 잉카 등의 수준 높은 문명이 발달했다. 하지만 유라시아의 여러 문명과 달리, 이들은 서로 교류하지 못했다. 파나마지협의 좁고 험준한 지형도 문제였지만, 이들 문명 사이에는 거대한 열대우림이 펼쳐져 있었기 때문이다. 애초에 아스테카, 잉카 등은 열대우림기후가 나타나는 저지대가 아닌, 해발 1,500미터에서 최대 3,000~4,000미터에 달하는 멕시코고원과 안데스산맥의 알티플라노고원에서 발달했다. 그러다 보니 문명 간 교류가 이루어지기 어려웠고, 철광석, 말 등이 없었기 때문에 특히 군사기술의 발달 속도가 뒤처질 수밖에 없었다. 그랬기에 석기로 무장한 아스테카와 잉카의 10만 대군이 철제 도검과 갑주, 군마, 총포로 무장한 수백 명의 에스파냐 콩키스타도르 Conquistadōr *에게 허무하게 무너지는 결과로 이어지고 말았다.**

바다에 가로막힌 섬 지역 역시 대륙과의 거리뿐만 아니라 기후가 문명 발달 속도에 큰 영향을 미쳤다. 영국이나 일본 같은 경우에는 대륙과 가까울뿐더러 온대기후의 혜택을 받아 대륙과 교류하며 일찍부터 문명이 발달할 수 있었다. 반면 이미 9,000~7,000년 전부터 식량을 생산한 뉴기니의 고원지대는 19세기 후반부터 20세기 초반에 이르도록 외부와 완전히 단절된 채 문명을 이룩하지 못

‥‥‥‥

* 15~17세기에 걸쳐 아메리카 대륙에 침입한 에스파냐인들을 일컫는 말로, 에스파냐어로 '정복자'라는 뜻이다.

** 아스테카와 잉카의 건축술, 역법 曆法, 금은 세공술 등은 당대 유럽 못지않거나 그보다 나은 수준까지 발전했다. 하지만 말의 가축화 여부를 포함한 군사기술의 극심한 격차는 두 문명이 멸망하는 직접적인 원인이 되었다.

했다. 해안과 고원 사이에 울창한 열대우림이 자리한 데다 지형마저 험준해 외부와의 교류가 차단되었기 때문이다.

호주 역시 마찬가지였다. 1,000년 이상 전에 원양항해를 통해 폴리네시아, 미크로네시아 등지로 이주한 오스트로네시아인*에게 호주 북부는 동남아시아와 비교적 거리가 가까워서 충분히 다다를 수 있을 만한 곳이었다. 하지만 호주 북부는 열대우림기후가 나타났고, 이곳에서 남쪽으로 내려가면 광대한 사막이 펼쳐졌다. 이러한 환경은 오스트로네시아인에게는 매력적인 정착지가 아니었다. 호주에서 사람이 살기에 적합한 기후는 남동부 해안 지대와 남서부 일부 지역 등에 국한되는데, 이러한 곳은 외부인이 접근하기가 어려웠다. 즉, 호주는 다양한 기후가 존재하지만 사람이 살기에 적합한 기후가 나타나는 지역은 외부와의 접근성이 떨어졌다. 그러다 보니 호주 남동부 등지에 살던 호주 원주민은 19세기에 영국이 호주를 식민화할 때까지 본격적인 문명을 이룩할 수 없었다.

이처럼 문명의 발달은 대규모로 식량을 생산할 수 있고, 외부와 교류할 수 있는 기후 조건을 갖춘 지역에서 이루어졌다. 이러한 기후 조건을 갖추지 못한 곳에서는 문명이 발달하기 어려웠다. 문명의 발달은 기후가 인류에게 마련해준 선물인 것이다.

....

*   본래 중국 남부와 대만에 살고 있던 민족집단으로, 유럽이 신항로를 개척하기 수백 년에서 1,000년 이상 전에 원양항해를 통해 필리핀, 인도네시아, 뉴질랜드를 비롯한 동남아시아·남태평양의 여러 섬과 마다가스카르에 이주하여 해당 지역의 주류 민족집단이 되었다. 재레드 다이아몬드, 김진준 옮김, 2012, 앞의 책, 501~517쪽.

비옥한 초승달에서
황량한 사막으로

문명의 탄생과 발전이 기후의 축복을 받아 이루어졌다는 사실은, 달리 말하면 기후가 변함에 따라 문명이 쇠퇴할 수도 있음을 의미한다. 실제로 한때 번성했던 문명이 언제부터인가 몰락하거나 자취를 감춘 까닭은 기후변화와 깊이 관련된 경우가 적지 않다.

메소포타미아 일대는 기후가 문명의 흥망성쇠를 좌우한 대표적인 사례다. '비옥한 초승달 지대'라 불리는 메소포타미아는 인류 역사상 최초로 농경이 시작된 지역이며, 선구적인 고대 문명인 메소포타미아문명의 발상지이기도 하다. 하지만 오늘날의 메소포타미아는 '비옥한 초승달'과는 거리가 멀다. 유프라테스강과 티그리스강의 강물을 이용한 관개농업이 지금도 여전히 이루어지고 있지만, 메소포타미아의 여러 곳에 분포한 사막은 이곳이 정말 인류 최고最古의 농경과 문명을 잉태했던 땅인가를 의심케 한다.[8]

고대 메소포타미아는 강수량이 적었지만, 문명의 탄생에 적합한 지리적 조건을 갖추었다. 밀, 보리 등 작물화할 만한 야생식물이 자생했고, 광물자원도 풍부했다. 유프라테스강과 티그리스강은 대규모 관개농업을 가능하게 했고, 수로를 통한 교역로 기능도 했다. 그 덕분에 메소포타미아에서는 일찍부터 문명이 고도로 발달할 수 있었다.

그런데 관개농업은 토양에 염분이 쌓이는 염해를 입을 수 있다는 단점이 있었다. 암석과 토양에 미세하게 존재하는 염분이 관개수로의 물에 녹아들었기 때문이다. 더구나 메소포타미아는 강수량이 적었기 때문에 토양에 축적된 염분이 빗물에 씻겨 가기를 기대하기도 어려웠다. 하천이 흘러넘쳐야 토양의 염분을 제거해줄 수 있는데, 메소포타미아에서는 이미 수천 년 전부터 유프라테스강과 티그리스강의 범람을 막으려고 체계적인 치수 사업을 시행해왔기 때문이다. 기원전 2,400년 무렵부터 염해는 메소포타미아 문명을 심각하게 위협하는 재난이었다.[9]

메소포타미아에서 관개농업이 계속될수록 염해도 악화됐고, 이는 메소포타미아의 농업 생산성을 낮추고 사막화를 불러왔다. 이에 따라 메소포타미아는 문명의 중심지라는 위치를 결국 잃어버렸다. 기원전 539년 신바빌로니아가 아케메네스 페르시아에 의해 멸망한 이후, 메소포타미아는 로마, 사산조페르시아, 이슬람 왕조 등의 영지로 전락했다. 서구 문명의 중심지는 기후 조건이 더 나았던 지중해 연안, 아나톨리아반도, 페르시아 등지로 옮겨 갔다. 메소포타미아인들은 관개농업을 통해 강수량이 적은 기후를 극복하고 고대 문명을 꽃피웠지만, 부족한 강수량은 관개농업이 불러온 염해를 악화하여 결국 문명을 쇠락하게 만든 것이다.

멕시코 남동부 유카탄반도에서 번영했던 고전기 마야문명* 역

....

* 멕시코 남부와 중앙아메리카에 지금도 존재하는 민족집단인 마야인이 이룩한 문명으로, 시기에 따라 선고전기(기원전 2,000년~서기 250년 전후), 마야문명의 최전성기인 고전기(3~10세기), 후고전기(10~16세기)로 구분된다.

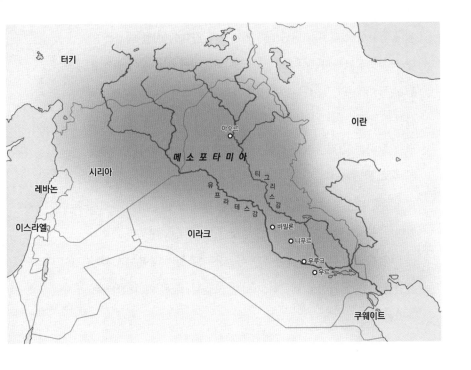

메소포타미아는 강수량이 적었지만, 강수량이 풍부한 지역에서
발원한 유프라테스강과 티그리스강 덕분에 일찍부터 문명이
발달할 수 있었다. 하지만 강물을 이용한 관개농업이 오히려
염해를 악화하여 훗날 문명 쇠락의 원인이 되기도 하였다.

시 기후변화로 인해 몰락했다. 2003년 스위스와 미국의 공동 연구진은 베네수엘라 근해의 카리아코 해저분지의 토양에 퇴적된 유기물과 티타늄 성분을 통해 마야문명의 기후변화 패턴을 분석했다.[10] 분석 결과 유카탄반도와 카리브해 일대에 비를 내리는 열대수렴대가 남하하면서 760년부터 마야문명에 강수량이 줄었고, 810년과 860년, 910년에 극심한 가뭄이 반복적으로 발생했다는 사실을 확인했다. 이러한 기후변화는 750년 인구가 300만~1,300만 명에 달하며 최전성기를 맞이했던 고전기 마야문명이 몰락하게 된 주요 원인이었다.

이처럼 기후의 특성과 변화는 찬란한 고대 문명이 막을 올리고 번영하다가 몰락하는 과정에 큰 영향을 미쳤다. 고대부터 기후가 문명의 흥망성쇠를 좌우해왔다는 사실은 기후위기 극복이 인류가 직면한 중대한 과제로 대두하고 있는 오늘날, 더욱 의미심장하게 다가온다.

인류의 지도를 그리고
역사를 움직여온 힘

살펴본 바와 같이, 기후의 지리적 분포 패턴 그리고 이를 초래한 기후인자의 존재나 기후변화의 양상은 문명의 교류와 발달 속도에 중대한 영향을 미쳐왔다. 요컨대 어떤 지역은 일찍부터 찬란한 문명을 꽃피워 계속해서 발전해 나간 반면, 어떤 곳은 오래도록 문명의 싹을 틔우지 못했다. 또 다른 지역은 일찍이 문명의 꽃을 피웠지만 그 찬란함을 오래도록 지속하지 못했다.

이처럼 기후가 문명의 탄생과 흥망성쇠, 발달 속도 등에 영향을 미치면서 인류의 사회와 문화는 다양한 양상으로 분화했고, 시간이 흐르면서 분화는 더욱 가속화되었다. 오늘날 다양한 문화권으로 나뉜 세계의 모습은 기후의 지리적 분포와 그 변화에 따른 문명의 흥망성쇠가 세계의 모습을 다채롭게 빚어온 데 따른 결과다. 예를 들어 아프리카에 사하라사막 대신 스텝 지대가 존재했다면, 아프리카 남부 역시 오랫동안 유라시아와 교류하며 지금과는 완전히 다른 문화와 사회 체제를 지닌 지역으로 발전했을지도 모를 일이다. 반대로 중앙아시아에 스텝 대신 오아시스조차 발달하지 않은 거대한 사막이 존재했더라면, 실크로드 교류의 영향을 받은 한국의 사회와 문화는 오늘날 우리가 알고 있는 바와는 사뭇 달랐을 수도 있다. 아니, 어쩌면 한국이라는 민족적 정체성과 지리적 영역조차도 지금과는 크게 달라졌을 것이다.

기후가 어떻게 분포하고 변화해왔는지를 이해하는 것은 인류사와 인류 문명을 올바르게 이해하기 위해 반드시 전제되어야 할 조건이다. 이제 기후가 인류사를 어떻게 바꾸고 세계지도를 어떻게 그려왔는지 그 흐름을 따라가보자.

2

기후, 문명의 운명과
세계의 지도를 바꾸다

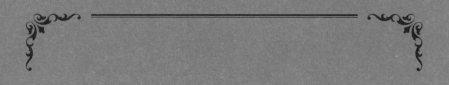

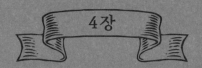

4장

유라시아 스텝이
인류에게 준 선물, 말

유라시아는 지구상의 다른 대륙들보다 훨씬 빠른 속도로 발달하여 고도로 수준 높은 문명을 이룩했다. 사하라 이남 아프리카나 남북아메리카, 호주 등지에도 고유한 문명이 오랫동안 이어졌지만, 유라시아의 문명 발달 속도를 따라잡지 못했다. 이 때문에 오늘날 인류 사회와 문화의 주류는 대부분 유라시아 문명에 뿌리내리고 있다.

유라시아 문명이 빠르게 발달할 수 있었던 이유는 무엇일까? 유라시아는 다른 대륙과 달리, 고대부터 다른 문명들과의 교류를 지속했기 때문이다. 1부에서 살펴보았듯이, 유라시아의 동서축은 아프리카, 남북아메리카의 남북축에 비해 문명의 이동과 교류를 제한하는 극단적인 기후 조건이 적은 편이었다. 그랬기에 문명 교류가 이루어질 통로로 기능할 수 있었다.

하지만 이 정도로 유라시아의 문명 교류를 설명하기에는 충분하지 않다. 유라시아 동서축의 최대 길이는 1만 7,000킬로미터에 달한다. 8,000킬로미터가 조금 넘는 아프리카 남북축의 두 배가 넘고, 1만 4,000킬로미터에 달하는 남북아메리카의 남북축보다도 훨씬 길다. 게다가 그 동서축을 잇는 지역의 기후 역시 월등히 쾌적하다고 보기는 어렵다. 사막은 말할 필요도 없고, 스텝 역시 사막이나 열대우림, 사바나 등에 비해 조금 나을 뿐 인간에게는 여전히 척박하고 살기 힘든 기후대에 속한다. 유라시아의 인류는 어떻게 이처럼 멀고도 험한 대륙의 동서축을 건너 고대부터 동서 교류를 이어갈 수 있었을까?

두 대륙을 잇는 척박한 땅, 유라시아 스텝

스텝이란 원래는 중앙아시아의 초원 지대를 일컫는 말이었다. 독일의 기상학자 쾨펜Wladimir Köppen 은 연 강수량이 250~500밀리미터에 불과해 나무가 자랄 수 없지만, 사막과 달리 풀이 자라 초원을 이룰 수 있는 건조기후의 유형을 스텝기후라 이름했다. 스텝기후는 당연히 농사를 짓기에는 부적합했다.

지구상에는 스텝기후가 나타나는 지역이 여러 곳 있지만, 중앙아시아를 관통하며 동서 방향으로 발달한 유라시아의 스텝이 가장 규모가 크다. 그 주변에는 고비사막, 키질쿰사막 등의 사막도 있다. 그런데 유라시아의 스텝이 농사를 짓기 힘든 척박한 건조기후대임에도 불구하고, 사하라사막과 달리 문명 교류의 장이 될 수 있었던 까닭은 무엇일까?

유라시아의 스텝 지대는 홀로세에 접어들어 아시아 전역의 기후에 영향을 미치는 편서풍과 계절풍의 변화에 따라 몇 차례의 기후변화를 겪었다. 비구름이나 습윤한 기단은 바람을 따라 이동하는 데다, 바다와의 거리가 멀어 대륙도continentality*가 큰 중앙아시아의 기후는 특히 편서풍과 계절풍에 많은 영향을 받을 수밖에 없었다. 구체적인 기후변화 양상에 대해서는 여러 이견이 있지만, 학자들은 1만 2,000년 전에서 수천 년 전 사이의 어떤 시점에는 유라시아의 스텝 일대가 지금보다 훨씬 습윤했다는 점에 동의하고 있다.[1]

유라시아의 스텝 지대는 6,000년쯤 전부터 오늘날과 같은 모습을 띠게 되었다. 하지만 홀로세의 어느 시점에는 지금보다 더 습윤했을 거라는 추측에서 알 수 있듯이, 이곳은 습윤한 공기를 머금은 편서풍과 계절풍으로부터 완전히 차단된 땅이 아니었다. 실제로 유사 이래에도 유라시아 스텝에는 여러 차례 습윤한 기후가 나타난 적이 있으며, 이는 유목민의 역사, 나아가 유라시아사에 큰 영향을 미치기도 했다. 게다가 유라시아의 스텝 지대 내부와 주변에는 빙하가 덮여 있고 하천이 발원하는 높은 산맥이 다수 분포했다. 이곳에서 발원한 하천은 중앙아시아의 땅 위로, 때로는 땅속으

....

* 대륙의 영향을 강하게 받는 기후, 즉 맑은 날이 많고 강수량이 적으며 기온의 일교차 및 연교차가 심한 대륙성기후의 정도를 수량적으로 나타내는 지수. 일반적으로 해안에서 먼 대륙의 내부일수록 값이 크다.

지구상에 스텝기후가 나타나는 지역이 여러 곳 있지만,
중앙아시아를 관통하는 유라시아의 스텝이 가장 규모가 크다.
그런데 홀로세의 어느 시점에는 이 스텝 지대가 지금보다
훨씬 습윤했으리라고 많은 지리학자가 추측하고 있다.

로 흐르며 카스피해, 아랄해 등의 큰 호수로 흘러들었다. 스텝 주변의 사막 군데군데에는 지하수가 드러나 형성된 오아시스도 분포했다.

이처럼 유라시아의 스텝 지대는 외부 세계와 철저히 고립된 건조지라기보다는 건조기후가 지배적으로 나타나지만 농경이 발달하는 습윤한 기후대와 연결고리를 지닌 지역이었다. 풀이 자라나는 스텝 땅 그리고 스텝을 흐르는 하천과 오아시스의 물 덕분에 스텝 지대 사람들은 척박한 환경 속에서도 유목 생활을 하며 나름의 문명을 이룩할 수 있었다. 이처럼 유라시아 스텝은 지리적·기후적 특성 때문에 사람들이 오가며 문물을 교류하는 통로의 역할을 하며 문명의 발달을 촉진했다.

하지만 여전히 이러한 설명만으로는 부족함이 있다. 왜냐하면 유라시아 스텝을 동서로 잇는 길은 너무나 멀고 험했기 때문이다. 거리는 무려 7,000킬로미터에 육박하고, 그 길과 주변에는 사막은 물론이고 해발고도 수천 미터가 넘는 험준한 산맥도 즐비했다. 이렇게 까마득하고 험준하며 척박한 땅을 넘어 무역을 하기란 쉬운 일이 아니었다. 당연히 그런 상황에서 교류를 통한 빠르고 수준 높은 문명의 발달을 기대하기도 어려웠다.

그렇다면 이렇게 멀고 험한 길이 어떻게 문명 교류와 발달을 이끈 '비단길'로 불릴 수 있었을까? 이는 유라시아 스텝의 서쪽 끝에서 길들여지기 시작한 말의 덕을 본 부분이 적지 않다.

건조한 초원에서 가축을 길들이다

스텝 지대는 건조하지만 사막보다 습윤하여 초원이 펼쳐졌다. 스
텝의 초원에는 초식동물이 모여들고, 초식동물을 포식하는 육식
동물도 살아갔다. 유라시아 스텝의 여러 초식동물 중에는 에쿠우
스 페루스Equus ferus가 있었다. 사실 에쿠우스 페루스는 플라이스
토세에 북아메리카에서 발생했고, 빙하기에 얼어붙은 베링해협을
건너 유라시아에 들어왔다. 그러나 홀로세 초기에 접어들어 북아
메리카의 에쿠우스 페루스는 인류가 함부로 마구 잡아 멸종하게
되었다. 반면 유라시아로 건너온 에쿠우스 페루스는 발원지의 환
경과 비슷한 유라시아의 스텝 지역에 정착하여 번성했다.[2]

유라시아의 스텝에도 인류가 살고 있었다. 그들 역시 북아메리
카의 인류와 마찬가지로 말을 사냥했다. 사실 오늘날 지구상에는
에쿠우스 페루스라는 동물이 존재하지 않는다. 그 이유는 역시 인
간의 활동 때문이다. 하지만 멸종해버린 북아메리카의 에쿠우스
페루스와는 달리, 유라시아 스텝의 에쿠우스 페루스는 역설적이
게도 인간 덕분에 그들의 직계 후손을 남길 수 있었다. 신석기시
대였던 기원전 4,000년 전후에 유라시아 스텝의 서쪽 끝자락(오늘
날 우크라이나 동부에서 카자흐스탄 서부에 이르는 지역)에서 인류가
에쿠우스 페루스를 길들이기 시작한 것이다. 그로 인해 유라시아
의 에쿠우스 페루스는 말로 거듭났다. 왜 북아메리카의 인류는 에
쿠우스 페루스를 절멸시킨 반면, 유라시아의 인류는 그들을 길들

일 수 있었을까? 워낙 오래전에 일어난 일이라 그 이유는 아직 충분히 밝혀지지 못했다. 학계에서는 에쿠우스 페루스의 가축화가 순전히 우연한 계기로 이루어졌다고 보는 경우가 많다.[3]

에쿠우스 페루스가 뛰놀던 북아메리카와 유라시아 스텝은 비록 거리는 멀리 떨어져 있지만, 기후나 지형은 비슷했을 것이다. 사실 인간이 아닌 다른 동식물은 기후나 환경이 크게 달라지면 살아남기가 쉽지 않다. 하지만 경위야 어찌 되었든 유라시아 스텝의 인류는 북아메리카의 동족과 달리 에쿠우스 페루스를 가축으로 삼았다. 그리고 이 작은 차이는 말이라는 가축을 가진 유라시아 대륙과 그렇지 못한 아메리카 대륙 간의 문명사적·인문지리적 차이로 이어졌다.

인류가 처음에는 다른 가축과 마찬가지로 식량을 얻기 위해 말을 길들였으리라고 추정된다. 하지만 기원전 2,500~2,000년 무렵에 메소포타미아와 유라시아의 스텝 지대에서 마차가 발명되면서 말의 운명이 크게 바뀌었다. 말은 다른 가축들과 차별화된 빠른 속도와 지구력을 갖춰 독보적인 군사적 가치를 지녔다.[4] 즉, 운송 수단이자 전략물자로 중요한 역할을 하게 되었다. 물론 소나 당나귀도 사람을 태우거나 수레를 끌 수는 있지만, 말보다 느리고 상대적으로 체구가 작아 교통수단이나 군용으로 활용하기에는 한계가 있었다. 낙타는 말의 장점을 갖고 있지만, 다양한 기후와 환경에 적응하는 능력이 부족했다. 보병을 압도하는 기동력과 돌파력을 갖춘 군용 마차, 즉 전차는 머지않아 전장을 지배했고, 전차의 보유 대수는 곧 그 나라의 국력, 군사력과 동일시되었다.

기원전 10세기 즈음부터 전차는 서서히 기병으로 변모해갔다.[5] 지속적인 품종개량의 결과 말의 신체 구조가 사람을 등에 태운 채 질주하는 데 점점 적합해졌기 때문이다. 전차는 제작과 유지에 많은 노력과 비용이 들 뿐만 아니라, 급격한 방향 전환이 힘들고 평지가 아닌 지형에서는 운용하기도 어려웠다. 반면 기병은 전차보다 양성과 유지가 쉬울 뿐만 아니라 구릉지 등에서도 운용할 수 있고 방향 전환이 쉬우며 무거운 차체를 끌 필요가 없어서 속도도 더 빨랐다. 말과 혼연일체가 되어 말 위에서 활을 쏘고 창검을 휘두르는 기병은 전차보다 훨씬 효과적으로 적군을 격파할 수 있었다. 기원전 6~7세기 무렵에서 늦어도 기원 전후에 이르러 기병은 유라시아 문명 대부분에서 전차를 대체했다.[6]

이처럼 인류가 말을 길들이고 그 품종을 개량해가는 과정에서 에쿠우스 페루스는 멸종했고, 말은 그들과 제법 다른 모습으로 바뀌었다. 말의 학명은 에쿠우스 카발루스Equus caballus다. 말, 즉 에쿠우스 카발루스는 에쿠우스 페루스가 있었기에 존재할 수 있었고, 에쿠우스 페루스는 스텝의 기후와 지대라는 지리적 환경이 있었기에 탄생할 수 있었다. 그리고 유라시아 스텝의 인류는 북아메리카 스텝의 인류와 달리, 에쿠우스 페루스를 절멸시키지 않고 말로 길들였다. 아울러 유라시아 대륙의 동서축을 따라 길게 이어진 스텝 지대는 말을 길들인 유라시아 인류의 행적과 어우러지면서 유라시아 문명의 교류와 발달 속도를 크게 끌어올렸다.

말발굽으로 닦은 실크로드, 동서 교류의 길을 트다

스텝 지대의 유목민에게 말은 하늘이 내린 선물이나 다름없었다. 말은 소나 양 등 다른 가축이 제공하지 못하는 뛰어난 기동력과 전투력을 선사했다. 게다가 말은 원래 스텝 지대에 살고 있었기 때문에 유목민이 관리하는 부담도 줄어들었다.

기원전 2,000년 이후 유라시아 스텝에는 스키타이, 흉노, 튀르크, 몽골 등 다양한 기마 유목민이 흥망성쇠를 거듭했다. 유목민은 정착 생활을 하는 농경민과 달리, 가축에게 먹일 풀을 찾아 주기적으로 이동했다. 그들이 살아가는 터전인 스텝 지대의 지리적 환경 때문이었다. 말은 이런 그들의 삶에서 절대적으로 중요한 역할을 했다. 기마 유목민은 말 덕분에 수많은 대형 가축을 몰고 먼 거리를 주기적으로 오가는 유목 생활을 효과적으로 할 수 있었다.

기마 유목민은 농경민보다 인구 규모가 작았다. 척박한 스텝의 인구 부양력이 낮았기 때문이다. 하지만 그들의 군사력은 막강했다. 걸음마를 뗄 무렵부터 말타기와 마상무예 훈련이 일상이었던 그들은 농경 국가의 정예병조차도 감당하기 힘든 정예 기병이었다. 게다가 유목 생활은 방어에도 큰 이점이 있었다. 한곳에 정주하지 않는 유목 생활의 특성상, 불리하다 싶으면 근거지를 버리고 도망가면 그만이었기 때문이다. 물론 농경 국가에서도 정예 기병을 양성하는 데 많은 공을 들였지만, 말타기가 곧 삶이었던 유목민의 기병을 따라잡기란 쉬운 일이 아니었다.

기마 유목민들은 수시로 농경 국가의 영역을 침공하여 약탈을 일삼았다. 때로는 농경 국가를 굴복시켜 속국으로 삼아 착취하기도 했다. 예를 들어 기원전 200년 한고조 유방이 흉노와의 전투에서 참패한 뒤, 전한은 무려 100년 가까이 흉노를 상국으로 섬기며 막대한 공물을 바쳐야 했다. 기마 유목민은 군사력이 강했지만 인구가 적었기 때문에 대체로 농경 국가를 직접 지배하기보다는 속국으로 삼는 방식을 선호했다.

하지만 유라시아 스텝의 기마 유목민은 그저 싸움에만 능한 야만인이 아니었다. 이미 고대부터 스키타이와 흉노는 뛰어난 기마술을 활용해 유라시아 스텝을 무대로 한 무역을 주관했다. 튀르크, 몽골 등 그들의 후배 격에 해당하는 기마 유목민 역시 무역에 많은 공을 들였다. 무역은 약탈이나 전쟁보다 훨씬 덜 위험하면서도 그에 못지않은 이익을 보장했기 때문이다. 유라시아의 기마 유목민은 무역을 통해 얻은 부와 기술을 통해 강한 무기와 갑주를 만들었을 뿐만 아니라 정교하고 화려한 문화유산까지 남겼다.

스텝과 인접한 사막 또한 그들의 무역로에 포함되었다. 사막은 스텝보다도 더욱 척박하고 황량한 땅이었지만, 유목민은 이들 사막 군데군데 분포한 오아시스를 잇는 길을 교역로로 활용했다. 물론 기원 전후부터는 항해술의 발달로 인해 중국 연안과 인도양을 잇는 바닷길도 실크로드로 이용되지만, 실크로드를 통한 동서 교역은 그 뒤에도 스텝과 오아시스를 통한 육로의 비중이 상대적으로 컸다.

스텝 지대를 기반으로 생활하는 유목민의 무역로는 자연스럽게 유라시아를 동서로 연결했다. 귀족과 부자들은 유목민을 통해 전래된 먼 곳의 진귀한 물건을 비싼 가격으로 사들였다. 훗날 독일의 지리학자 리히트호펜Ferdinand von Richthofen이 붙인 '실크로드'라는 이름이 시사하듯, 중국의 비단은 스텝과 오아시스의 길을 따라 유라시아 전역에 비싼 가격에 팔려나갔다. 귀금속과 보석, 약재, 향신료 등과 같은 값비싼 재화의 장거리 무역 역시 실크로드를 따라 이루어졌다. 실크로드를 통한 동서 교역의 원동력이었던 말 또한 실크로드 무역의 중요한 상품이었다.

실크로드 무역이 활발해짐에 따라 유라시아 각지의 다양한 기술과 문화, 종교, 사상의 교류도 자연스럽게 늘어났다. 일례로 인도에서 발원한 불교는 중앙아시아로 전파된 뒤, 실크로드 서쪽에서 유입된 조로아스터교의 영향을 받아 대승불교로 분화하여 동아시아에 전파되었고, 동아시아 문화권의 정신적 토대를 구축했다. 제지술, 인쇄술 등도 실크로드를 통해 유라시아 전역으로 확산하며 유라시아 문명의 수준을 한층 드높였다. 석굴암 불상에서 고대 헬레니즘미술 양식의 모습을 찾을 수 있는 것 또한 실크로드를 통한 문명 교류 덕분이었다. 시간이 흐를수록 활발한 교류를 통해 유라시아 문명의 발달 속도는 그러지 못한 다른 대륙을 압도했다. 그 원동력은 바로 스텝기후와, 유라시아 동서축을 따라 뻗은 스텝 땅에서 가축화된 말이었다.

유라시아와 아메리카의
운명을 나눈 결정적 차이

유라시아 농경민의 삶과 문명 또한 말에 의해 크게 바뀌었다. 말 덕분에 장거리 이동이 수월해지고 전쟁 수행 능력이 향상되면서 농경 국가는 드넓은 영토를 효율적으로 다스릴 힘을 얻었다. 일례로 고대 아케메네스 페르시아와 로마는 파발마와 마차가 다닐 수 있는 체계적인 도로망을 건설함으로써 거대한 세계 제국을 안정적으로 운영할 수 있었다. 암행어사를 상징하는 마패 역시 조선시대 관리들이 역참에서 말을 갈아타는 데 쓰인 증명서였다.

유라시아, 정확히는 유럽은 16세기 이후 다른 대륙을 압도하며 유럽 중심의 세계지도를 그려가기 시작했다. 그 신호탄은 16세기 초 수백 명에 불과한 에스파냐 콩키스타도르에 의해 이루어진 아스테카·잉카 정복이었다. 아스테카와 잉카는 10만 명 이상의 대군을 거느린 거대한 군사 대국이자 정복 국가였다. 하지만 생전 말을 본 적도 없는 아스테카와 잉카 사람들은 말을 탄 콩키스타도르를 신 혹은 괴물로 여기며 혼비백산했다. 유라시아의 보병이었다면 장창, 활, 장애물 등을 활용해 기병을 상대했겠지만, 잉카와 아스테카의 전사들은 그럴 상상조차 하지 못했다. 말을 가축으로 삼은 유라시아와 그러지 못한 아메리카의 지리적 차이가 두 문명의 운명을 이토록 극적으로 가른 셈이었다.

《총, 균, 쇠》에서는, 화약 무기와 강철 그리고 가축에서 유래하는 전염병에 대한 내성의 존재 여부가 근대 이후 유라시아, 특히 유럽 문명 중심의 세계 질서로 이어졌다고 설명한다.[7] 하지만 유라시아 중심의 세계지도가 그려지는 데는 말을 길들였느냐의 여부 역시 그 세 가지 요인 못지않게 중요했다. 말이 서식하고 인류가 말을 길들이고 활용할 수 있었던 스텝 지역의 기후와 지리는 유라시아에서 태동한 문명이 세계지도의 모습을 주도적으로 그려갈 수 있었던 중대한 원동력이었다.

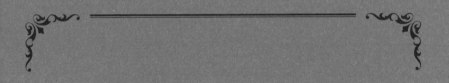

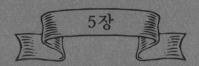

엘니뇨, 크레타와
그리스의 운명을 가르다

서구 문명의 직접적인 토대를 닦은 고대 그리스는 해양 문명의 성격이 강했다. 스파르타와 같이 내륙국 성격이 강한 폴리스polis (도시국가)도 있었지만, 아테네를 비롯한 다수의 유력 폴리스는 지중해 북동부에 위치한 에게해를 중심으로 해상무역을 통해 부를 축적하고 세력을 확장했다. 고대 그리스인들은 에게해의 크고 작은 섬은 물론 오늘날 아나톨리아반도 서부 해안 지대인 이오니아*에까지 진출하여 여러 폴리스를 세웠다. 고대 그리스문명이 당대 최강이었던 아케메네스왕조 페르시아제국의 침공을 격퇴할 수 있었던 것도 그들이 에게해, 나아가 지중해를 주름잡던 해양 문명으로서 힘을 키웠기 때문이다. 즉 에게해는 고대 그리스문명에서 비롯된 서구 문명이 형성되고 발달할 수 있었던 지리적 무대였다.

그런데 에게해에는 고대 그리스문명이 탄생하기 1,000년도 더

....

*   그리스 본토 못지않게 찬란한 고대 그리스문명이 꽃을 피웠던 땅으로, 특히 밀레토스는 서구 과학의 시조라 일컬어지는 철학자 탈레스가 밀레토스학파를 결성하며 활발한 학술 활동을 주도했던 학문의 중심지였다. Sweeney, N. M. 2017. Separating fact from fiction in the Ionian migration. *Hesperia*, 86, pp. 380–382.

전부터, 에게문명이라 불리는 수준 높은 청동기 문명이 번성해 있었다. 에게문명은 고대 그리스문명과는 이질적인 부분도 적지 않았다. 하지만 메소포타미아와 이집트의 선진적인 문물을 받아들이며 찬란한 문명을 발달시켰고, 고대 그리스문명이 꽃피는 데 중요한 역할을 했다. 특히 크레타섬에서 발달한 미노스문명은 그 북쪽의 키클라데스제도에서 꽃핀 키클라데스문명과 더불어 에게문명을 주도했다. 에게문명이 번성했던 1,000년이 넘는 세월 동안, 그리스 본토는 문명 밖의 세계 또는 문명의 변방이었다고 보아도 틀린 말은 아니다.

그런데 크레타섬은 기원전 1,200년경 미노스문명이 몰락하면서 문명의 중심지라는 위치를 잃어버리고 말았다. 이후 수백 년에 걸쳐 여러 민족집단이 그리스 본토에서 쟁탈전을 벌인 끝에, 우리가 아는 고대 그리스인과 그리스문명이 자리 잡고 번성하게 되었다.

1,000년이 넘도록 에게문명의 중심지로 군림했던 크레타섬에서 그토록 번성했던 미노스문명은 왜 몰락했을까? 이는 오늘날에도 언론에 자주 등장하는 한 기후 용어와 관계가 있다. 바로 엘니뇨 남방진동El Niño Southern Oscillation** 이다.

....

** 남태평양에서 대기와 해수의 순환 및 상호작용의 결과로 해수면 온도와 대기압이 주기적으로 변동하는 현상. 적도 부근의 무역풍은 동쪽에서 서쪽으로 불기 때문에 열대 태평양의 따뜻한 표층수도 이를 따라 서쪽으로 흘러간다. 이러한 현상이 계속되거나 무역풍이 강해지면, 열대 태평양에서는 따뜻한 표층수가 서쪽에 몰려들어 축적되면서 동부에 해당하는 페루와 에콰도르 근해의 수온이 정상치보다 하강한다. 이를 라니냐La Niña 라 한다. 그리고 라니냐로 인해 열대

에게해의 작은 섬에서 일어난
찬란한 고대 해양 문명

고대 메소포타미아에서 농경과 문명을 일으킨 사람들은 그 영역을 서쪽으로 확장하며 지중해 해안까지 발을 디뎠다. 땅과 자원, 무역 상대를 찾아 지중해 동부에 배를 띄운 그들은 물결이 잔잔하고 섬이 많은 에게해에 자연스레 흘러들었다. 이미 기원전 3,000년 무렵부터 에게해의 여러 섬에 정착한 사람들은 그곳에서 문명의 싹을 틔웠고, 시간이 흐르면서 청동기 문명을 발전시켰다.

에게해의 여러 문명 가운데 특히 독보적이었던 미노스문명은 쇠머리를 한 반인반수 미노타우로스를 감금했던 미궁을 건설한 그리스신화 속의 크레타 왕 미노스에서 이름을 따왔다. 신화 속 이야기의 명성에 걸맞게, 미노스문명은 에게해와 지중해를 통한 해상무역에 종사하며 찬란한 고대 문화를 발달시켰다. 그 원동력은 크레타섬의 지리적 입지와 매우 깊은 관계가 있었다. 에게해에서도 면적이 매우 넓은 섬인 크레타섬은 고대 문명의 중심지였

태평양 서부에 축적된 따듯한 표층수가 동쪽으로 역류하면, 페루와 에콰도르 근해의 수온이 상승한다. 이를 엘니뇨 El Niño 라 한다. 이렇게 엘니뇨와 라니냐가 지속적으로 반복되는 현상을 '엘니뇨 남방진동'이라 부른다. 엘니뇨 남방진동으로 인해 열대 태평양의 수온이 변하면 이에 따라 대기압도 변하며 지구의 대기 순환에 중대한 영향을 미친다. 그로 인해 지구 전역의 날씨와 기후에 변화가 일어나는 것이다. 엘니뇨와 라니냐 현상이 특히 강해지면 지구 곳곳에 이상 기후가 나타나며, 이 때문에 오늘날 세계 각국은 엘니뇨 남방진동의 패턴과 양상에 각별한 주의를 기울이고 있다.

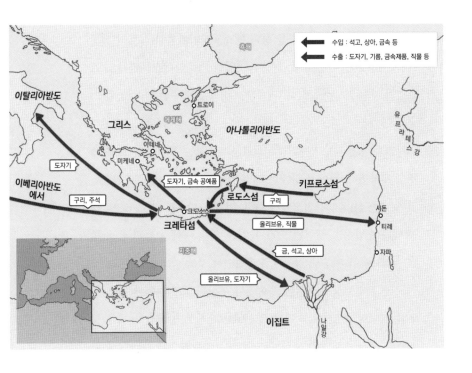

기원전 1,600년경 에게해와 지중해 일대에서 크레타섬을
중심으로 찬란한 고대 문화가 발달한 미노스문명은 당시
메소포타미아와 이집트는 물론 그리스와 이탈리아반도, 심지어
지중해 서부 이베리아반도까지 연결하는 해상무역의 중계지였다.

던 메소포타미아와 이집트는 물론 그리스 본토와 이탈리아반도, 심지어 지중해 서부의 이베리아반도까지 연결하는 해상무역의 중계지였다.[8]

미노스문명은 해상무역을 통해 메소포타미아와 이집트의 선진적인 문명을 받아들였다. 북쪽에 인접한 키클라데스문명과도 교류하며 문물을 받아들였다. 관개수로를 비롯한 수준 높은 농업 기술을 통해 크레타섬 각지를 개간했고, 예술성과 실용성을 겸비한 도자기와 청동기도 만들었다. 선형문자 A라는 독자적인 문자 체계도 개발했다. 나아가 강대한 해양 문명의 유지와 발전에 필수적인 우수한 선박과 함선도 건조했고, 이를 바탕으로 석고, 상아, 금속 등을 수입하고 세련된 도자기, 직물, 금속 공예품 등과 품질 좋은 올리브유를 지중해 각지에 수출하면서 부를 축적했다.

그 덕분에 미노스문명은 계속해서 부강해졌고, 기원전 1,800년 무렵에는 당시로서는 강력한 왕권에 토대한 중앙집권 체제를 구축했다. 미노스문명의 도읍 크노소스는 지중해 동부의 해상무역 중심지로 크게 번영했다. 오늘날에도 전해지는 화려하고 수준 높은 유적과 유물은 고대 미노스문명이 얼마나 선진적이었는가를 여실히 보여준다. 이처럼 찬란했던 미노스문명은 기원전 1,900년 무렵부터 그리스 본토에 정착한 미케네인들에게도 영향을 주어 그들이 고대 미케네문명을 이룩하는 데 밑거름이 되었다.

부강했던 미노스문명은
어쩌다 몰락했을까?

그토록 화려하고 찬란했던 미노스문명은 기원전 1,200년 무렵 완
전히 멸망했다. 그리고 크레타섬은 그리스 본토에서 온 미케네인
에게 지배받았다. 미케네문명은 아테네, 스파르타 등 우리가 흔히
알고 있는 고대 그리스문명과는 차이가 있지만, 그리스신화가 정
립되는 등 그리스문명의 직접적인 모태라고 할 수 있다. 《일리아
스》와 《오디세이》 역시 미케네문명을 배경으로 한 작품이다. 즉,
미노스문명의 몰락은 크레타섬을 중심으로 하는 에게해의 고대
문명이 그리스 본토로 옮겨 가기 시작한 계기라고도 볼 수 있다.

  그런데 미노스문명은 왜 사라졌을까? 과거에는 미노스문명이
크레타섬 북쪽에 있는 산토리니섬 화산의 대규모 분화로 인해 쇠
약해진 데다, 예기치 않았던 이민족 미케네인의 침입을 버티지 못
하고 멸망했다는 논의가 주를 이루었다.[9] 하지만 최근의 고고학적
연구 결과는 이러한 논의에 대해 중대한 문제를 제기하고 있다.

  우선 1980년대 이후 이루어진 일련의 고고학 연구 결과에 따르
면, 산토리니섬의 화산 분출은 크레타섬의 소멸보다 수 세기 이상
이른 기원전 1,600년 이전이었을 가능성이 대단히 높다.[10] 즉, 산
토리니섬의 화산 분출 시점은 미노스문명의 몰락을 가져오기에는
너무 이르다. 사실 미노스문명이 화산 분출로 멸망했다는 과거의
견해 역시, 미노스문명이 여러 차례의 크고 작은 지진을 극복해내

며 1,000년이 훨씬 넘도록 지속되었음을 인정했다.[11]

미노스문명이 몰락한 뒤 크레타섬이 미케네문명의 영역에 포섭된 것은 사실이지만, 이것을 근거로 미노스문명이 미케네인의 침공으로 멸망했다고 단정 지을 수도 없다. 일례로 미노스문명의 전성기를 상징하는 크노소스의 왕궁이 기원전 1,450년경 어떤 이유로 인해 파괴되기는 했지만, 이것이 미케네인의 침략으로 미노스문명이 멸망했음을 입증하는 증거가 되기는 어렵다. 1980~1990년대 이후 이루어진 고고학적 분석 결과, 왕궁 잔해나 시신의 상태 등이 전쟁이나 학살 등으로 파괴 및 살해되었다고 보기에는 너무나 깔끔했기 때문이다.[12]

미국 위스콘신대학교의 초니스Anastasios Tsonis 교수 등이 2010년에 발표한 연구 결과에 따르면, 미노스문명의 몰락은 엘니뇨 남방진동에 따른 크레타섬의 장기간에 걸친 극심한 가뭄과 밀접한 연관이 있다.[13] 초니스 교수는 지난 500년간의 유럽 강수량 데이터를 분석한 결과, 북아프리카와 지중해 일부 지역의 강수량은 엘니뇨 현상이 나타나면 감소하고 라니냐 현상이 나타나면 증가하는 패턴을 띤다는 사실을 발견했다. 그리고 크레타섬은 이러한 기후 패턴이 유별날 정도로 강하게 나타났다. 이를테면 크레타섬은 엘니뇨로 인해 서기 1,000년부터 1,500년까지, 무려 500여 년 동안 가뭄을 겪었다. 심지어 마찬가지의 기후 패턴을 지녔고 크레타섬과 가까운 키프로스섬에는 가뭄이 들지 않았음에도 불구하고, 같은 시기 크레타섬에는 엘니뇨로 인한 극심한 가뭄이 들었던 적이 있을 정도였다.

초니스 교수는 기원전 3,000년을 전후해서 엘니뇨 남방진동의 강도가 눈에 띄게 강해졌으며 이에 따라 기원전 1,450년부터 수백 년에 걸친 강력한 엘니뇨가 이어졌다는 분석 결과를 도출했다.[14] 이 시기는 미노스문명이 전성기를 지나 쇠퇴를 거듭하다 멸망한 시기와 일치한다. 즉, 미노스문명은 엘니뇨 남방진동의 강도 변화에 따른 유난스러울 정도로 강한 엘니뇨 현상, 그리고 엘니뇨에 유독 취약한 크레타섬의 입지 조건 때문에 가뭄이 수 세기 동안 이어지면서 식량과 식수 부족에 시달린 끝에 몰락을 거듭했던 것이다. 항해술과 해상무역에 탁월한 노하우를 축적하고 강력한 해군력까지 갖추었다고 한들, 인구를 부양할 만한 물과 식량을 구하지 못해서야 문명을 유지하기조차 힘들었을 것이다. 그러한 상황에서 기원전 1,200년 무렵, 북쪽에서 내려온 미케네인들이 가뭄으로 힘을 잃은 미노스문명을 대신해 크레타섬을 차지했으리라고 볼 수 있다.

에게해와 지중해 동부의 교역 요지라는 입지 조건 덕분에 눈부시게 발전했던 미노스문명은, 하필이면 그 입지 조건이 엘니뇨 현상에 따른 가뭄에 특히 취약했다는 이유로 인해 결국 몰락할 운명을 맞았던 셈이다.

엘니뇨 남방진동이 바꾼
지중해의 문명 중심지

미노스문명이 사라진 뒤 크레타섬을 장악한 미케네문명은 얄궂게
도 미노스문명이 완전히 소멸한 기원전 1,200년 무렵 그리스 북
부에서 이주해온 도리스인의 대대적인 침입을 이기지 못하고 기
원전 1,050년을 전후해 멸망하고 말았다. 이후 기원전 750년까지
그리스의 암흑기라 불리는 극심한 혼란기가 이어진 끝에 그리스
본토에서 고대 그리스문명이 꽃피기에 이르렀다.

비록 수백 년이 넘는 간극이 있었지만, 미노스문명은 후대 역사
와 완전히 단절되지 않았고, 고대 그리스문명에 적지 않은 영향을
미쳤다. 예를 들어 선형문자 A는 미케네문명의 문자이자 그리스
문자의 원형이라 할 수 있는 선형문자 B가 형성되는 데 큰 영향을
주었다.[15] 미노스문명의 찬란한 예술과 수준 높은 기술 또한 고대
그리스문명의 성립에 일정 부분 영향을 미쳤다. 요컨대 미노스문
명은 고대 그리스문명의 직계 선조는 아닐지 몰라도, 에게해라는
지리적 영역에서 고대 그리스문명이 꽃피는 데 주요한 영향을 미
쳤다는 것을 부정하기는 어렵다.

크레타섬은 미노스문명이 몰락한 뒤에도 여전히 지정학적으로
는 지중해 동부의 요지였기 때문에 고대 그리스와 로마는 물론 동
로마제국, 베네치아공화국, 오스만제국 등 여러 나라로부터 번갈
아가며 지배를 받았다. 심지어 1941년 5월에는 나치 독일군이 발

칸반도를 침공하기 위해 대규모 공수부대를 동원하여 크레타섬을 점령했고, 결국 그리스와 발칸반도까지 지배하기도 했다. 오늘날 크레타섬은 그리스의 영토이자 대표적인 관광지로 자리매김하고 있다.

하지만 미노스문명이 사라진 뒤, 크레타섬은 3,000년이 넘도록 문명의 중심지라는 입지를 회복하지 못했다. 미노스문명 역시 오래도록 잊힌 채 고대 그리스신화에 나오는 이야기 정도로만 여겨지다가 20세기 초반 영국의 고고학자 에번스Arthur John Evans 가 크노소스 유적을 발굴하면서 비로소 그 역사가 알려지게 되었다. 서구 문명의 직접적인 토대를 이룩한 고대 그리스 폴리스들이 기원전 146년 로마에 의해 정복된 뒤에도 그리스 본토가 1,500년 이상 동로마를 포함한 로마의 요지이자 중심지였을 뿐만 아니라, 오늘날에도 유럽의 문화와 사상을 대표하는 지역으로 자리매김하고 있다는 사실과는 꽤나 대조적이었다.

이는 엘니뇨가 일으킨 극심한 가뭄이 에게해 등 지중해 동부의 문명 중심지를 크레타섬에서 그리스 본토로 옮겨놓은 데 따른 결과로 볼 수 있다. 물론 미노스문명에서부터 고대 그리스문명의 성립에 이르는 시기의 역사는 워낙 고대의 일인 데다 그리스의 암흑기까지 존재하기 때문에 아직 명확히 밝혀지지 못한 부분도 적지 않다. 하지만 미케네문명에 이어진 고대 그리스문명이 모두 크레타섬보다 북쪽에 있는 그리스 본토, 에게해 북부, 이오니아 등지를 주 무대로 했다는 사실, 그리고 고대 그리스문명이 활발한 해상무역 활동을 통해 발전한 해상 문명의 성격이 강했다는 사실은 미노스문명이 멸망한 뒤 지중해 동부의 해상무역 중심지가 황폐해진 크레타섬에서 그리스 본토 일대로 옮겨 갔음을 강하게 시사한다.

이렇듯 엘니뇨 남방진동이라는 기후 현상과 해상교통의 요지였지만 엘니뇨가 불러오는 가뭄에 유달리 취약한 크레타섬의 입지 조건은 에게해 일대의 고대 문명이 성립하고 그 문명의 중심지가 옮겨 가는 데 중대한 영향을 미쳤다고 볼 수 있다. 즉, 엘니뇨라는 단어가 수시로 언론에서 다뤄지는 오늘날뿐만 아니라 이미 고대에도 엘니뇨 남방진동에 따른 기후변화는 인류의 생활과 문명의 흥망성쇠에 결정적인 영향을 미쳤던 것이다.

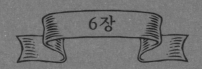

6장

아프리카에 인류 조상을
가두었던 열대수렴대

고고학적 연구 성과에 따르면, 현생인류의 발상지인 아프리카 남부에서는 이미 수천 년 전부터 농경이 시작되고 문명이 발생했다. 그렇지만 유라시아는 물론 북아프리카와 비교했을 때에도 아프리카 남부, 정확히는 사하라 이남 아프리카의 문명 발전 속도는 매우 더뎠다. 그 이유는 무엇일까? 거대한 사하라사막이 아프리카 남북의 교류를 가로막았다고는 하지만, 동서 교류의 장이었던 유라시아의 실크로드 역시 넓은 사막이 펼쳐져 있었다는 점에서는 크게 다르지 않아 보인다.

북아프리카와 사하라 이남 아프리카 사이에는 사하라사막뿐만 아니라 그에 못지않게 거대한 열대우림과 사바나가 펼쳐져 있다. 열대우림과 사바나는 수많은 야생 동식물의 보금자리로 지구 생태계에서 매우 중요한 지역이지만 사막 못지않게 인간의 활동, 특히 문명의 건설이나 문명 간 교류에는 불리한 환경이었다. 그 덕분에 사막을 잇는 오아시스와 스텝 지대를 통해 고대부터 동서 교류를 이어왔던 유라시아와 달리, 북아프리카와 사하라 이남 아프리카의 문명 교류는 단절될 수밖에 없었다.

그렇다면 왜 하필 북아프리카와 사하라 이남 사이에는 문명의 교류를 가로막은 거대한 사하라사막과 광활한 열대우림, 사바나가 펼쳐지게 된 걸까? 그 이유는 지구를 순환하는 대기의 흐름이 만들어낸 열대수렴대 때문이었다.

지구의 대기가 수렴하는 곳

열대수렴대 Intertropical Convergence Zone 는 열대 한복판에서 Intertropical 무엇인가가 수렴하는, 즉 합쳐지는 Convergence 지대 Zone 라는 뜻이다. 그렇다면 열대에서 수렴하는 것은 무엇이며, 수렴 작용은 왜 열대 한복판에서 일어날까?

지구상에서 대기는 아무렇게나 움직이지 않는다. 지구의 자전 방향, 위도에 따른 태양 복사에너지의 차이, 즉 기온의 차이와 이에 따른 증발량의 차이 등에 따라 일정한 패턴을 이루며 순환한다. 그러다 보니 지구상의 여러 곳에서 부는 바람 역시 제멋대로가 아니라 일정한 패턴을 이루며 불고, 이는 세계 각지의 기후를 형성하는 주요한 원인이 된다. 예를 들어 겨울에는 북서풍이 몰고 온 매서운 칼바람이 불고, 한여름에는 무덥고 습한 날씨가 지속되는 한반도의 기후 또한 대기가 일정한 패턴으로 순환하여 형성된 것이다.

이러한 지구의 대기 순환은 위도별로 크게 세 개의 순환세포로 구분된다. 남북위 60~90도 사이의 극순환, 남북위 30~60도 사이의 페렐순환, 적도에서 남북위 30도 사이의 해들리순환이 바로 그것이다. 이들은 위도별·지역별로 다양한 기후 현상을 만들어내며 지구를 다양한 기후와 자연환경이 존재하는 행성으로 만든다.

그런데 해들리순환이 빚어낸 남반구와 북반구의 무역풍은 열대의 적도 부근에서 수렴하는 패턴을 이룬다. 이를 열대수렴대라 부른다. 대기의 순환세포가 수렴하는 현상은 극순환과 페렐순환이 나타나는 남북위 60도 부근의 고위도 저압대에서도 마찬가지로 나타난다. 그런데 해들리순환은 기온이 매우 높고 해수의 양도 많은 적도 부근에서 이루어지다 보니, 다른 두 순환세포보다 월등히 많은 열과 에너지가 순환된다. 그래서 열대수렴대에서는 고위도 저압대와는 비교도 하기 어려울 정도로 많은 양의 공기가 증발해서 상승하는 현상이 일어난다. 상승한 공기는 어떻게 될까? 고도가 높아짐에 따라 기온이 낮아지면서 상승한 공기는 응결해 비구름이 된다.

막대한 양의 공기가 증발하고, 증발한 공기가 비구름이 되는 열대수렴대에서는 무슨 일이 일어날까? 많은 비가 내려서 열대우림이 형성되거나, 경우에 따라서는 증발량이 너무 많아서 사막 등의 건조기후가 나타날 수 있다. '열대'수렴대라는 명칭이 시사하듯이, 열대수렴대는 아프리카는 물론 열대 전체의 기후에 결정적인 영향을 미친다.[16] 대표적으로 지구의 허파라 불리는 아마존 분지의 열대우림 그리고 아프리카 중부의 열대우림은 열대수렴대가 빚어낸 작품이다.

움직이는 열대수렴대가 빚어낸
거대한 사막과 사바나

열대수렴대는 아프리카 내륙을 깊이 관통해 지난다. 그 열대수렴 대 북쪽 너머에는 아프리카 북부의 광대한 땅이 펼쳐져 있다. 그 러다 보니 지중해의 습기를 머금은 채 무역풍을 타고 아프리카로 내려온 공기 덩어리는 아프리카 북쪽 땅에 비를 내리는 대신 열대 수렴대를 타고 증발해버린다. 이러한 패턴이 계속되면 열대수렴 대 북쪽 너머의 땅은 건조해질 수밖에 없다. 그나마 지중해와 가 까운 북아프리카 해안 지대는 대체로 건조한 편이지만 농사를 지 을 수 있고 도시도 들어설 수 있었다. 하지만 바다와 거리가 먼 데 다 열대수렴대와도 가까운 내륙 지대는 이야기가 달라진다. 열대 수렴대로 인해 수분이 너무 많이 증발하기 때문에 내륙에는 거대 한 사막이 형성된다. 이것이 바로 사하라사막이다.[17]

 기후학자들의 연구에 따르면, 현생인류가 아프리카 남부에서 벗어나 전 세계로 뻗어갈 수 있었던 수만 년 전 사하라사막이 습 윤했던 시기는 열대수렴대가 지금과는 많이 달랐다고 한다. 당시 에는 열대수렴대가 오늘날보다 훨씬 북쪽으로 지나갔고, 그래서 오늘날 사하라사막에 해당하는 지역에도 충분한 비가 내리며 초 원 같은 습윤한 땅이 펼쳐졌다는 것이다.[18]

 오늘날 사하라사막을 거치면서 끝 모를 정도로 증발한 습기는 거대한 비구름을 이룬 뒤, 열대수렴대 남쪽에 많은 비를 뿌린다.

그 결과물이 바로 아프리카 중서부의 열대우림이다. 아프리카와 아마존 분지의 열대우림은 큰 틀에서는 열대수렴대 남쪽에 위치해 강수량이 대단히 많아 생긴 결과물이라는 공통점을 지닌다.

　열대수렴대의 위치는 고정된 것이 아니라 때에 따라 계속 변한다. 지구의 자전축이 기울어져 지구에 들어오는 태양 복사에너지의 양이 시기별로 차이가 나기 때문이다.[19] 이에 따라 열대수렴대는 매년 1월이 되면 남하하고, 7월이 되면 북상한다. 아열대나 열대 지방에서 건기와 우기가 구분되는 기후가 흔히 나타나는 까닭은 바로 이 때문이다. 열대수렴대가 남하하는 1월에는 사하라사막과 열대우림 사이에 위치한 아프리카 중부의 남쪽이 우기가 되고, 7월에는 반대로 북쪽이 우기가 된다. 이처럼 건기와 우기가 매우 뚜렷한 기후대에서는 열대우림과는 크게 차별화되는 식생이 발달한다. 건기에는 건조하기 때문에 열대우림과 같은 울창한 식생이 형성되기는 어렵다. 대신 넓게 펼쳐진 초원 사이로 바오밥나무와 같이 건기를 견딜 수 있는 거대한 나무가 자라나는 식생 경관이 형성된다. 이처럼 매우 뚜렷한 건기와 우기로 인해 형성된 초원과 수목이 뒤섞여 있는 식생 경관이 바로 사바나다.

　사바나는 세계 각지에 분포하지만 특히 아프리카 사바나의 규모가 크다. 이는 아프리카 중동부를 지나는 열대수렴대의 변동과 관계가 있다. 열대수렴대의 변동 폭은 아프리카 동부에서 특히 매우 크게 나타난다. 그러다 보니 아프리카 동부에는 우기와 건기의 차이가 극명한 열대 사바나 지대가 아주 넓게 펼쳐진다. 케냐, 탄

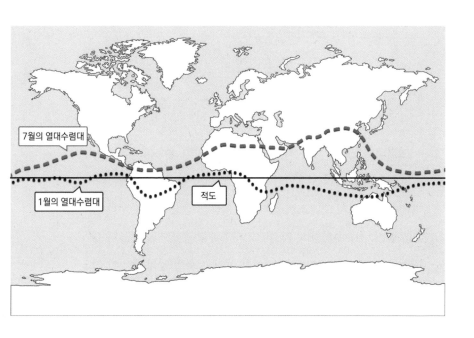

열대수렴대의 위치는 고정된 것이 아니다. 지구 자전축이
기울어 태양 복사에너지의 영향이 시기별로 다르기 때문이다.
아열대와 열대 지방의 건기와 우기가 구분되는 이유도
1월에 남하하고 7월에 북상하는 열대수렴대의 이동 때문이다.

자니아 등 아프리카 동부 국가들에 세계적으로 유명한 야생동물 보호구역, 동물 다큐멘터리 프로그램의 무대로 각광받는 국립공원들이 있는 것도 이 때문이다.

아프리카 남북축을 가로막은 악천후의 비밀

아프리카의 열대우림과 사바나는 매우 다양한 종류의 동식물이 서식하는 생태계의 보고이다. 하지만 인간이 살아가거나 인간이 통과해서 문명의 교역로로 삼기에는 어려운 환경이었다. 우선 열대우림은 너무 무더웠다. 적절한 강수량과 온난한 기후는 농업 생산성을 높여 로마, 한나라와 당나라, 중세 서유럽 등의 문명이 전성기를 맞이하는 데 크게 이바지했다. 하지만 열대우림의 너무 높은 기온과 과다한 강수량은 오히려 인간의 활동과 문명의 발전을 저해했다.

그뿐만이 아니다. 수목이 울창하게 우거진 열대우림은 얼핏 보기에는 농사가 잘될 땅처럼 보이지만 실상은 그 반대였다. 강수량이 너무 많아 유기물과 무기염류가 빗물에 씻겨 내려갔기 때문이다. 이런 토양은 농사를 짓는 데 부적합했다.[20] 물론 아마존이나 아프리카의 열대우림에도 수렵·채집을 하며 살아가는 부족들이 있지만, 이들은 이러한 환경의 제약 때문에 본격적으로 농경 생활을 하며 체계적인 문명을 발달시키지 못했다. 아프리카의 열대 사바나 역시 우기와 건기가 너무 뚜렷해서 강수량의 변동 폭이 지나치게 큰 데다, 이로 인해 토양까지 척박해지기 때문에 농사짓는 데 적합하지 않았다.[21]

아프리카의 사바나와 유라시아의 스텝은 드넓은 초원이 분포한다는 점에서는 같지만, 문명 발달의 측면에서 보면 결정적인 차이가 존재한다. 바로 동물이다. 에쿠우스 페루스, 즉 말의 직계 조상을 인류에게 선사한 유라시아 스텝과 달리, 아프리카 사바나에는 인류가 길들일 만한 동물이 거의 없었다. 생각해보라. 사자나 표범, 아프리카코끼리, 기린, 하마, 악어 같은 거대하고 사납기 그지없는 동물을 인류가 어떻게 길들일 수 있을까? 사바나를 대표하는 또 다른 야생동물인 얼룩말 역시, 말과 생김새만 비슷할 뿐 인간이 길들일 만한 동물이 아니었다. 얼룩말은 생김새와는 달리 유전적으로는 말과 거리가 제법 있을 뿐만 아니라 무엇보다 길들여 가축으로 삼기에는 성질이 너무 사나웠다.[22] 물론 아프리카의 사바나에도 여러 유목민 부족이 살아가고 있었다. 하지만 이들은 소나 염소 등을 몰고 다닐 뿐, 유라시아의 기마 유목민과 달리 말이나 말의 역할을 할 만한 가축을 길들이는 데는 결국 실패했다.

결과적으로 열대수렴대가 아프리카에 만든 거대한 사하라사막과 사바나, 열대우림은 북아프리카와 사하라 이남 아프리카의 문명 교류를 가로막고 말았다. 이 때문에 낙타를 타고 사하라사막 북부의 오아시스를 따라 이동하던 북아프리카의 대상隊商 들과, 소

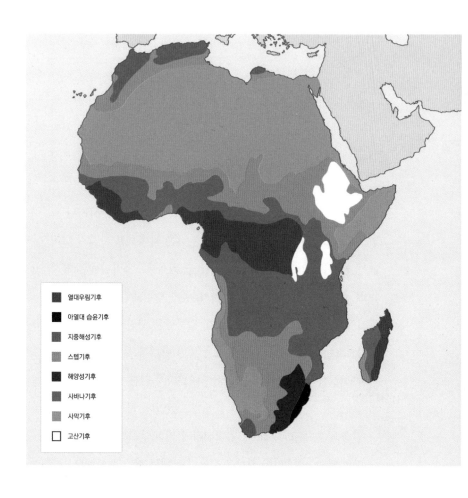

열대우림기후

아열대 습윤기후

지중해성기후

스텝기후

해양성기후

사바나기후

사막기후

고산기후

북아프리카와 사하라 이남 아프리카의 문명 교류가 오래도록
가로막힌 이유는 열대수렴대가 아프리카에 만들어놓은
거대한 사하라사막과 사바나, 열대우림 탓이 크게 작용했다.

와 염소를 몰고 다니며 가족과 가축을 위협하는 맹수들과 용감히 맞서 싸우는 강인한 전사였던 아프리카 사바나의 유목민들은 아프리카를 남북으로 잇는 문명 교류를 주관하지 못했다. 유라시아 및 이들 지역과 교류했던 북아프리카와는 달리, 현생인류의 발상지이며 일부 지역에서는 수천 년 전부터 식량을 생산했던 사하라이남 아프리카에서 고도의 문명이 뚜렷하게 발달하지 못했던 데에는 열대수렴대가 빚어낸 아프리카 기후의 특성이 크나큰 영향을 미쳤다.

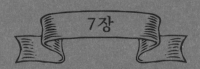

7장

마야는 왜 울창한 밀림에서
가물어 사라졌을까?

울창한 밀림 속에 거대한 유적만 남긴 채 사라져버린 고대 문명. 생각만 해도 신비롭고 경이롭지 않은가? 지구상에는 무려 3,000년 이 넘도록 이어지며 수준 높은 문화유산까지 남겼지만, 어느 순간에 소리 소문 없이 사라지다시피 한 문명이 있다. 바로 오늘날 멕시코 남동부의 유카탄반도를 중심지로 하여 중앙아메리카 일대에서 번 영했던 마야문명이다. 그들이 남긴 수많은 거석 피라미드와 석조 건 축물 유적은 오늘날 멕시코와 중앙아메리카, 나아가 인류 문명을 대 표하는 문화재로 명성이 높다. 하지만 마야문명은 16세기 에스파냐 인들이 아메리카 대륙에 발을 들였을 무렵 사실상 소멸하다시피 한 상태였다.

3,000년이 훨씬 넘는 긴 역사를 자랑하던 마야문명은 어째서 그렇게 웅장하고 화려한 유적만 남긴 채 사라졌을까? 아프리카와 마찬가지로, 마야문명에도 중앙아메리카에 드리운 열대수렴대가 그 배후에 있었다.

중앙아메리카에도
세련된 고대 문명이 있었다

우리가 흔히 말하는 '세계 4대 문명'은 다분히 유라시아 중심적인 관점이다. 4대 문명으로 꼽히지 않지만, 아메리카 대륙에도 이미 수천 년 전에 문명이 번성해 있었다. 아메리카 대륙의 고유한 문명 하면, 아마도 잉카와 아스테카를 쉽게 떠올릴 것이다. 이 두 문명은 건축술이나 귀금속 가공술 등에서는 당대의 유럽보다 앞서 있었고, 광대한 땅을 다스리며 10만 명도 넘는 용맹한 군사를 보유했던 대제국이었다. 하지만 그에 비해 낙후된 군사기술, 전염병에 대한 저항력 부족 등으로 수백 명에 불과한 에스파냐의 콩키스타도르에게 허망하게 멸망하고 말았다.

잉카와 아스테카의 역사는 생각보다 짧다. 두 문명은 아메리카 대륙의 군소 부족이었다가 12~13세기 이후 강력한 군사력을 바탕으로 주변 부족들을 정복하며 거대한 제국으로 성장했다. 즉, 잉카와 아스테카는 아메리카 고유의 문명을 대표할 수 있을지는 몰라도, '고대 문명'이라고 보기는 어렵다.

이 두 문명이 지구상에 모습을 드러내기 훨씬 전인 기원전 2,000년 무렵부터 오늘날의 멕시코 남동부 유카탄반도 및 이곳에 인접한 과테말라, 벨리즈, 온두라스 등의 중앙아메리카 일대에는 고대 문명이 꽃을 피우기 시작했다. 거대한 석조 피라미드인 치첸이트사와 돌로 만든 항구도시 유적인 툴룸으로 널리 알려진 마야

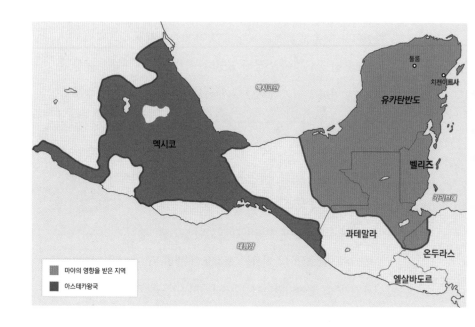

마야문명은 기원전 2,000년경부터 오늘날의 멕시코 남동부 유카탄반도와
과테말라, 벨리즈, 온두라스 등의 중앙아메리카 일대에 자리 잡았던
아메리카의 고대 문명이다. 유카탄반도는 사바나기후가 열대우림,
열대 계절풍 등 다른 형태의 기후와 뒤섞여 나타난다.

문명이었다.

밀림이 우거진 유카탄반도와 중앙아메리카의 경관을 살펴보면, 어떻게 이런 곳에서 수천 년 전에 고대 문명이 싹틀 수 있었을까 하는 의문이 든다. 유카탄반도는 엄밀히 말해서 열대우림기후가 아니라 사바나기후가 나타나는 지역이다. 아메리카 대륙을 지나는 열대수렴대는 1월에는 유카탄반도 남쪽으로 내려가고, 7월에는 북상하여 그 북단이 유카탄반도 저지대를 지나간다. 이러다 보니 유카탄반도는 겨울에는 건조하고 여름에는 많은 비가 내리는 사바나기후가 나타나는 것이다. 다만 바람과 기압대의 영향, 바다나 사막과의 거리 등 기후에 영향을 미치는 다른 요인들이 아프리카 사바나와는 다르기에, 아프리카의 열대기후에 속하는 땅의 무려 60퍼센트를 차지하는 아프리카 사바나[23]보다 그 규모가 훨씬 작다. 사바나기후가 열대우림, 열대 계절풍 등 다른 형태의 기후와 뒤섞여 나타나는 옛 마야 땅의 자연경관은 아프리카 사바나와는 사뭇 다르다. 나무가 울창하게 우거져 있고 맹그로브 같은 열대우림에서 자생하는 식물이 자라나 언뜻 봐서는 열대우림 같은 모습을 연출한다.

사바나기후 역시 고도의 문명이 발달하기에는 적합하지 않았다. 하지만 아프리카 사바나와는 달리 유카탄반도의 기후와 지리적 조건은 이곳에서 수천 년도 더 전에 고대 문명이 발달할 만한 조건을 마련해주었다. 우선 유카탄반도의 강수량은 연교차가 크지만, 아프리카 사바나만큼 극심하지는 않았다. 그 덕분에 유카탄반도에서는 아프리카 사바나에 비해 수목이 많이 자랄 수 있었을 뿐만 아니라, 마야인들이 농사짓고 주변 지역과 교역하며 문명을 이룰 힘을 얻을 수 있었다. 유카탄반도 남부의 미라도르 분지와 페텐 분지 일대의 지형은 석회암 기반암 위에 습지가 많이 분포하여 마야인들에게 건기에도 물을 구할 수 있는 수원水源을 제공했다. 또한 토질까지 비옥하게 만들어 마야인이 고대 문명을 이룩하는 데 결정적인 도움을 주었다.[24] 마야 땅에 인접한 카리브해는 유카탄반도 저지대의 환경을 한결 쾌적하게 만들어주었을 뿐만 아니라, 마야인들이 배를 타고 교역을 할 수 있는 무대로도 작용했다. 게다가 마야인이 주식으로 삼았던 옥수수는 유카탄반도라는 땅이 마야인에게 내린 선물이나 다름없었다. 쌀, 밀, 보리 등 다른 곡물에 비해 척박한 토양에서도 잘 자랐기 때문이다.

마야인은 유카탄반도의 저지대를 개간해서 얻은 농지에 옥수수 그리고 호박, 콩 등의 작물을 심으며 식량을 생산했다. 그들은 맛과 영양소, 생산력을 끌어올리기 위해 식량 작물의 품종개량에 힘썼고, 강수량의 연교차가 큰 환경 속에서 농업용수와 생활용수를 저장할 저수지 등과 같은 시설을 건설하는 일에도 노력을 많이 기울였다. 척박한 환경에서도 잘 자라지만 유독 지력地力 소모가 큰 옥수수를 안정적으로 재배하기 위해서 콩, 호박 등 다른 작물과 섞어 재배하거나 경작지를 주기적으로 휴경하는 등의 농법도 개발했다.[25] 농사를 잘 짓기 위해 계절의 변화를 정확히 이해하여 수준 높은 천문학에 기반한 정교한 역법도 발달시켰다. 한때 2012년에 세계가 멸망한다는 예언을 담고 있다며 화제가 되었던 마야인의 역법은 사실 유카탄반도 저지대에서 풍년을 기원하던 고대 마야인의 피와 땀으로 이루어낸 결실이었다.

한편 마야문명은 잉카, 아스테카와는 확연하게 차별화되는 특성이 있었다. 잉카, 아스테카는 강력한 왕권을 바탕으로 주변 부족과 지역을 무력으로 병합한 중앙집권적 정복 왕조 성격이 강했다. 반면 마야문명은 도시국가의 연합체 형태로 발달했으며 무역이 활발하게 이루어졌다.

마야문명은 농업 생산성이 증가함에 따라 인구가 늘어났을 뿐만 아니라 사회구조 역시 복잡하고 체계적인 형태로 진화해갔다. 마야문명의 천문학과 역법은 마야인 고유의 우주관과 세계관에 토대한 고유의 종교를 배태했다.[26] 농업과 치수를 위한 기술은 자연히 건축술의 발전으로 이어졌다. 아울러 마야인은 체계적인 문자를 고안하는 데 성공했다. 그런 한편으로 비교적 수심이 얕고 잔잔하며 섬이 많은 카리브해에도 눈을 돌렸다. 시간이 흐르면서 카리브해를 통한 해상무역은 마야 사회에서 농업 못지않게 중요한 위치를 차지했다. 기원전 6세기 무렵 유카탄반도 남부 저지대에 건설된 마야의 도시 엘 미라도르El Mirador는 선고전기 마야문명의 수준을 생생하게 보여준다. 엘 미라도르는 전성기 인구가 10만 명을 넘었다. 전근대 시대의 도시는 오늘날보다 훨씬 규모가 작았고, 산업혁명 이전에는 인구 10만~20만 명 정도만 되어도 세계적인 규모의 대도시였음을 고려하면, 엘 미라도르가 어느 정도로 번영한 도시였는가를 짐작할 수 있다. 이곳에는 높이 70미터가 넘는 거대한 피라미드 형태의 신전인 라 단타La Danta*를 비롯한 다수의 석조 유적과 유물이 지금도 전해져 온다.

　기원후 300년을 전후하여 마야문명은 선고전기에서 고전기로 접어든다. 이는 마야문명이 부족사회 또는 초기 도시국가 수준을 넘어 세련된 문명을 꽃피우는 단계로 접어들었음을 의미한다. 티칼(오늘날 과테말라 소재), 칼라크물(오늘날 멕시코 남동부 캄페체주 소재) 등은 인구 10만 명이 넘는 대도시로 성장했고, 이들 지역에 세워진 거대한 석조 피라미드는 오늘날에도 그 위용을 뽐내고 있다. 6세기 중반에는 유카탄반도 북동부 해안 지대에 무역항 툴룸이 세워졌다. 오늘날 마야문명을 대표하는 유적지이자 관광지인 툴룸은 마야문명이 카리브해에서 활발한 해상무역 활동을 벌였음을 보여주는 장소다. 8세기 초중반에 최전성기를 맞이한 고전기 마야문명의 총인구는 300만~1,300만 명에 달할 정도였다.

밀림 속 폐허를 만든 극심한 가뭄

유카탄반도를 넘어 카리브해까지 뻗어 나가며 번영하던 고전기 마야문명은 9~10세기를 거치면서 돌연 몰락해버렸다. 고전기 마

....

* 　1,000년 이상 후대에 만들어진 치첸이트사의 피라미드인 엘 카스티요보다 두 배 이상 높다.

야문명의 몰락을 촉발한 근원적인 요인은 페텐 분지 등 유카탄반도 남부의 기후변화였다.

8세기 중반부터 유카탄반도 남부에 닥친 극심한 가뭄은 무려 2세기 가까이 지속되었다. 한두 해도 아니고 이토록 장기간 이어진 가뭄은 마야 사회와 경제의 기반을 뿌리째 흔들었다. 전근대 사회에서 장기간에 걸친 심한 가뭄은 사회의 근간을 뒤흔드는 대재앙이었다. 마야문명은 습지에 수원을 의존했기 때문에 가뭄에 취약할 수밖에 없었다. 수백 년이 넘도록 이어진 고전기의 번영 덕분에 인구가 계속 증가해왔기 때문에 가뭄과 같은 환경 재난은 더욱 치명적이었다. 계속된 가뭄은 마야 사회의 심각한 정치적 대립과 불안을 유발했다.

오랜 가뭄은 특히 티칼, 칼라크물 등과 같은 대도시에 치명타를 안겼다. 인구가 많고 인구밀도가 높은 대도시를 유지하려면 많은 양의 식량과 물이 필요한데, 가뭄으로 인해 식량과 물의 공급이 크게 감소했기 때문이다. 10세기 무렵이 되면 페텐 분지, 미라도르 분지 등의 대도시는 버려졌다. 인구 부양력을 잃어버린 채 치안과 안보 상황까지 엉망이 되어 결국 도시로 기능할 수 없는 땅으로 전락하고 말았다. 고전기 마야 유적은 이미 1,000년 전부터 밀림 속의 폐허로 방치되어온 것이다.

사실 마야문명에 극심한 가뭄이 닥친 것은 고전기 말기뿐만이 아니었다. 선고전기에서 고전기로 넘어가던 서기 150~250년 사이에도 극심한 가뭄을 겪어 엘 미라도르 등 선고전기에 번영했던 도시들이 버려지기도 했다. 하지만 8~10세기의 가뭄은 2~3세기의 가뭄보다도 훨씬 심각했다. 왜냐하면 선고전기와 고전기 사이에는 가뭄으로 엘 미라도르 등의 도시가 황폐화되는 일은 있었지만, 페텐 분지 등 유카탄반도 남부 저지대 전체가 황폐화되지는 않았기 때문이다. 티칼, 칼라크물 등도 엘 미라도르와 가까운 유카탄반도 남부 저지대에 위치했다. 반면 고전기에 닥친 가뭄은 유카탄반도 남부 일대에 대규모 문명의 종말을 가져왔다. 고전기가 완전히 끝난 뒤에도 이곳에 소규모 부족이나 촌락은 여전히 존재했지만, 티칼이나 칼라크물과 같은 찬란하고 거대한 대도시는 11세기 이후 환경이 회복된 뒤에도 재건되지 못한 채 밀림 속 폐허로 남았다.

이러한 가뭄은 왜 일어났을까? 마야문명 연구의 세계적인 권위자 한센Richard D. Hansen은 고전기, 아울러 선고전기 마야문명을 몰락하게 한 가뭄을 해당 시기에 이루어진 기후의 한랭화가 강수량을 감소시킨 결과로 해석한다.[27] 한편 스위스의 게랄트 하우크Gerald H. Haug 교수 등의 연구는, 고전기 마야문명의 몰락을 불러온 극심한 가뭄은 마야문명을 번성케 한 여름철 열대수렴대의 위치가 바뀌면서 유카탄반도 남부 저지대의 강수량이 눈에 띄게 감소했기 때문이라는 가능성을 제기한다.[28] 정확한 원인이 무엇이 되었든, 극심한 가뭄이 고전기 마야문명의 몰락으로 이어졌다는 논의는 학계에서 인정받고 있다. 2~3세기의 가뭄이 마야문명을 주도하는 도시의 위치와 문명의 흐름에 영향을 주었다면, 8~10세기의 가뭄은 마야문명의 공간적 배경 자체를 완전히 바꾸어놓은 것이다.

기후변화가 잠재운 마야인의
찬란한 솜씨와 강인한 의지

고전기 마야문명의 몰락이 마야문명의 완전한 소멸로 이어진 것은 아니었다. 마야인들은 10~11세기 무렵부터 유카탄반도 남부와 중앙아메리카 일대 대신, 유카탄반도 북부로 옮겨 새롭게 문명을 발전시켰다. 이 시기를 후고전기라 부른다.

후고전기 마야문명을 주도하기 시작한 도시는 바로 치첸이트사였다. 치첸이트사는 카리브해의 해상무역을 통해 대두한 도시였다. 치첸이트사의 유적, 그중에서도 쿠쿨칸의 신전으로 쓰인 피라미드 엘 카스티요El Castillo 는 마야문명 건축과 예술의 정수이다. 고전기에 건설된 툴룸 역시, 후고전기에 접어들면서 치첸이트사와 더불어 전성기를 맞았다.

치첸이트사의 전성기는 13세기에 막을 내렸다. 서쪽에 있는 마야판Mayapan*의 침공을 받아 도시가 황폐화되었기 때문이다. 이를 후고전기 마야에서 내륙의 농업 세력과 카리브해를 무대로 한 해상 세력 간의 경쟁에 따른 결과로 보기도 한다.[29] 마야문명의 마지막 패자로 등극한 마야판 역시, 15세기 중·후반에 이르러 극심한

....

* 유카탄반도 북서쪽에 있는 지명으로, 치첸이트사와 더불어 후고전기 마야문명을 대표하는 연맹 체제를 형성했다. 치첸이트사에서 서쪽으로 100킬로미터가량 떨어진 곳에 있는 마야판의 유적지는 수백 년 동안 밀림에 뒤덮인 채 잊혔다가 19세기 중반 이후 고고학적 발굴이 이루어졌다. 오늘날에는 마야문명의 유적지로 수많은 관광객이 찾아오고 있다.

가뭄으로 몰락의 길을 걷게 되었다.

16세기 에스파냐인들이 유카탄반도와 중앙아메리카에 침입했을 때, 마야문명은 이미 문명으로서의 생명이 끝나 있었다. 한때 마야문명이 번성했던 이곳은 에스파냐인들에게는 그저 목초지로 쓸 만한 땅 정도로나 여겨졌다. 이미 문명이라 부르기도 힘들 정도로 몰락한 데다 잉카, 아스테카와 달리 금이나 은, 주석 같은 가치 있는 자원도 별로 없었기 때문이다. 마야인은 그 맥을 현대까지 이어오며 중앙아메리카에 1,000만 명 이상이 거주하고 있다. 하지만 몰락한 마야문명은 잊힌 채 3,000년이 훨씬 넘는 긴 세월을 보내다 19세기 이후에야 본격적인 발굴과 연구가 이루어지며 세상에 그 모습을 다시금 드러낼 수 있었다.

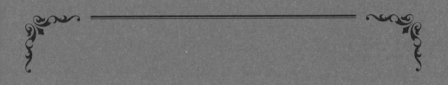

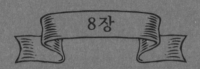

8장

중국이 동아시아의
거대한 중원을 지켜온 비결

한반도와 중국, 일본 그리고 베트남까지 포괄하는 동아시아 문화권은 한자, 유교, 대승불교 등을 특징으로 하는 중국 문화에 강력한 영향을 받았다. 물론 동아시아 문화권에 속한 여러 지역과 국가는 중국 문화를 자주적으로 해석하고 재구성해 그들 나름의 독자적인 문화를 발달시켰지만, 한자를 위시한 중국 문화의 영향을 강하게 받았음을 부정하기는 어렵다. 이러한 동아시아 문화권을 한자 문화권이라고 부르기도 한다. 중국 문화를 받아들인 백제가 이를 기반으로 고유한 백제 문화를 꽃피웠고, 이러한 백제 문화가 다시 일본에 전파되어 영향을 주었듯이, 동아시아의 문명 교류와 이를 통한 문화권의 형성은 이미 고대부터 이루어져왔다.

동아시아 문화권의 형성과 발전에 중국 문화가 바탕이 될 수 있었던 것은, 중간중간에 분열기가 있었지만 한漢 왕조(기원전 206~기원후 220년) 이래 중국이 지속적으로 통일 왕조를 이어가며 주변 지역에 강한 영향력을 발휘해왔기 때문이다.

중국에서는 어떻게 이렇게 2,000년이 넘도록 통일 왕조가 이어질 수 있었을까? 그리고 중국의 통일 왕조들은 어떻게 흉노匈奴, 돌궐突厥 등과 같은 강력한 이민족의 위협을 극복하고 동아시아 문화권의 중심지라는 위상을 굳게 지킬 수 있었을까? 물론 재레드 다이아몬드가 주장한 바와 같이, 산맥과 구릉지가 발달한 유럽과 달리 동부에 광대한 평야가 분포하고 양쯔강과 황허강을 연결하는 운하를 건설할 수 있는 중국 지형의 특징도 무시하기는 어렵다.[30] 하지만 중국이 분열하는 대신 왕조만 바뀌며 통일을 이어올 수 있었던 원동력은, 중국과 동아시아 그리고 몽골 등 중앙아시아 동부의 기후변화와도 긴밀한 연관이 있다.

한나라가 대륙을 통일할 수 있었던 이유

중국의 주류 민족집단을 한족漢族, 중국의 문자를 한자漢字 라 부르는 데서 알 수 있듯이, 한 왕조는 중국의 문화적·민족적·영역적 토대를 확립했다는 중요한 의의가 있다. 이는 한나라의 영토가 이전 왕조인 상商, 주周 등과는 확연히 다른 공간 구조를 갖추고 있었기 때문이다. 상나라는 왕실이 엄연히 존재했지만, 왕실을 중심으로 서로 다른 여러 부족이 연합한 부족 연맹에 가까웠다. 도읍 주변은 왕실이 다스리고 멀리 떨어진 지역은 왕실이 봉한 제후들이 영지의 작은 왕처럼 다스리는 봉건제를 채택한 주나라 역시 부족 연맹체 성격이 강했다. 하지만 한나라는 고조 유방劉邦 이래 추진된 중앙집권화가 무제武帝 재위기(기원전 141~기원전 87년)에 완성되면서 중국 땅을 부족 연맹체 수준을 넘어 통일된 국가의 영역으로 다스릴 수 있었다.*

한 왕조는 단순히 중국 땅을 통일한 데 그치지 않았다. 무제는 이전까지 한나라의 상국 노릇을 하던 흉노 제국을 정벌하여 서쪽으로 몰아냈다. 게다가 고조선과 베트남 북부의 왕조 남월南越 그리고 푸젠성 일대에 살고 있던 이민족 민월閩越 등도 정복했다. 그러면서 한자를 위시한 중국 문화가 한반도와 베트남에 본격적으로 유입되었다. 한반도와 베트남은 이후 중국에 복속되는 대신 독립국가를 유지했지만, 중국과 긴밀한 교류를 계속하면서 자연스럽게 동아시아 문화권에 포섭되었다. 일본 역시 주로 한반도를 통해 중국과 교류를 이어가면서 동아시아 문화권에 편입되었다. 요컨대 한 왕조, 특히 무제 재위기는 동아시아 문화권이라는 영역의 밑그림이 그려지기 시작한 시대였다고 볼 수 있다.

한나라는 어떻게 중국을 통일된 땅으로 거듭나게 하고, 나아가 동아시아 문화권의 공간적 기틀까지 다질 수 있었을까? 이는 한 건국 직후인 기원전 200년 무렵부터 중국 전역의 기후가 온난습윤해진 것과 무관하지 않다.[31] 사실 한나라는 수백 년간 이어진 춘

....

* 엄밀히 말해 중국 최초의 중앙집권 왕조는 진秦이지만, 통일 진 왕조는 불과 15년밖에 존속하지 못한 데다 봉건제의 잔재 또한 완전히 소멸하지 못했기 때문에 중국을 통일된 영역으로 온전히 재편한 왕조로 보기에는 한계가 뚜렷하다. 이동민, 2022, 《초한전쟁》, 흠영, 402쪽.

추전국시대, 그리고 진나라 멸망 이후 벌어진 초한 전쟁의 혼란과 분열을 딛고 건국된 왕조였다. 게다가 한고조 유방이 기원전 200년 흉노와의 전쟁에서 참패하는 바람에 흉노를 상국으로 섬기며 막대한 공물을 바쳐야 했다. 하지만 《사기》·《한서》·《후한서》 등의 기록을 종합해보면, 한나라가 건국될 무렵부터 중국 땅의 기후가 온난습윤해지면서 농업 생산성이 눈에 띄게 증가했다.[32] 그 덕분에 한나라는 길게 보면 수백 년에 걸친 중국 땅의 분열과 혼란 그리고 상국 흉노에 막대한 공물을 바쳐야 한다는 부담을 극복하고 경제력과 국력을 점점 강화하여 중앙집권화에 성공할 수 있었다. 아울러 한나라의 공물로 인해 흉노의 지배층은 물론 평민층까지도 한나라의 문물에 심취하면서 흉노 제국의 경제는 날이 갈수록 한나라에 종속되어갔다.[33] 이렇듯 한나라가 건국될 무렵 이루어진 중국의 기후변화는 무제 재위기에 이르러 한나라가 흉노를 정벌하고 대외 팽창에 나설 수 있는 여건을 조성해주었다.

흉노의 군사들은 한나라 군대의 대대적인 공세 앞에 패퇴를 거듭했다. 엎친 데 덮친 격으로, 기원전 100년을 전후해 흉노는 근거지인 몽골의 스텝 지대에 극심한 한파가 들이닥치는 바람에 국력과 군사력에 치명타를 입었다.[34] 흉노 제국은 결국 붕괴했고, 수많은 흉노족이 고향을 버린 채 중앙아시아 방면으로 머나먼 이주에 나서야 했다. 물론 만리장성 북쪽의 흉노족은 5세기까지 그 명맥을 이어갔지만, 흉노족의 제국은 적어도 아시아에서는 두 번 다시 수립되지 못했다.

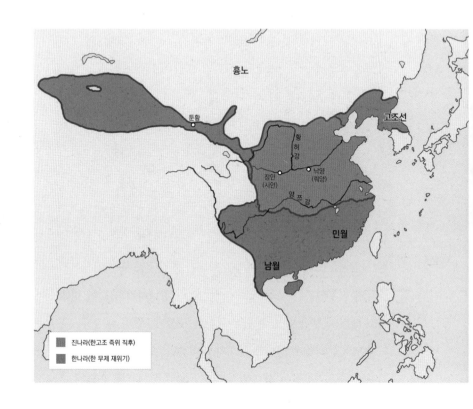

동아시아 문화권의 영역적 토대를 이룬 한나라의 영토.
온난습윤한 기후와 농업 생산성 증가 덕분에 한무제 재위기에
몽골 스텝을 근거지로 한 흉노를 정벌하고 실크로드를 장악했으며,
동쪽으로는 고조선, 남쪽으로는 남월에 이르는 대제국을 건설했다.

흉노를 정벌하고 실크로드를 장악한 한나라는 더는 거칠 것이 없었다. 무제는 여세를 몰아 고조선과 남월까지 정복했다. 고조선과 남월은 결사적으로 저항했지만, 흉노 제국조차 무너뜨린 한나라의 노도 같은 침공을 막아내기에는 역부족이었다. 무제는 멸망한 고조선 땅에 한사군漢四郡으로 알려진 군현을 세웠고, 남월 땅에도 9개의 군을 세웠다. 그리고 이를 계기로 한반도와 베트남에는 중국 문화가 본격적으로 유입되었고, 이들 지역과 일본은 중국과 더불어 동아시아 문화권을 형성했다.[35]

오늘날 한국인이 한자를 사용하고 유교와 대승불교 중심의 문화권 속에서 살아가는 까닭은 한나라가 흉노 제국을 격파하고 동아시아로 팽창할 힘을 마련해준 중국의 기후변화에 그 뿌리를 두고 있다고도 볼 수 있다.

한랭화가 초래한
삼국지의 시대와 난세

184년 일어난 황건적의 난은 한나라 전역을 헤집었다. 한 조정은 황건적의 난을 간신히 진압했지만, 이 때문에 권위를 실추하며 동탁, 조조 등의 권신들에 휘둘린 끝에 220년 멸망했다. 《삼국지연의》의 주역이기도 한 위魏·오吳·촉한蜀漢의 세 나라로 분열된 중국 땅은 280년 위나라의 뒤를 이은 진晉 왕조에 의해 통일되나 싶었지만, 진 역시 316년 내분과 북방 유목민의 침입을 이기지 못한 채 분열되고 말았다. 이후 중국 땅에서는 581년 통일 왕조 수隋가 성립할 때까지 3세기가 넘는 분열이 이어졌다.

이러한 중국 땅의 혼란과 분열은 기원전 1세기 무렵부터 조짐을 보이다 2세기 중후반부터 극심해진 중국 땅의 한랭건조화[36]와 밀접한 관계가 있다. 소빙하기라 불릴 정도로 춥고 건조한 기후가 이어지면서 기원전 50년 전후부터 조금씩 떨어지기 시작하던 한나라의 농업 생산력[37]은 치명타를 맞았고, 엎친 데 덮친 격으로 전염병까지 창궐하기 시작했다.* 한나라는 농촌 공동체를 중심으로 하는 수준 높은 사회보장제도를 갖추고 있었지만, 농업경제의 파탄과 이에 따른 한 조정의 재정난은 사회보장제도를 마비시켰다. 농촌 공동체는 와해했고, 한나라의 기반이었던 농민층은 농토를 잃고 유랑민, 심지어는 산적으로까지 전락했다. 끝날 줄 모르는 흉년과 역병으로 농촌 공동체와 사회보장제도가 파탄 난 한나라의 백성들에게 식량과 의술을 베풀며 희망을 준 인물은 도교의 분파인 태평도太平道의 지도자 장각張角이었다.[38] 태평도는 순식간에 중

....

* 이 무렵부터 중국의 평균 기온이 이전보다 다소 낮아지기 시작했고, 기원전 50~ 기원후 30년에는 일시적인 한랭기가 닥쳐왔다. Su, Y., Fang, X.-Q., and Yin, J. 2014. Impact of climate change on fluctuations of grain harvest in China from the Western Han Dynasty to the Five Dynasties. ScSu, Y., Fang, X.-Q., and Yin, J. 2014. Impact of climate change on fluctuations of grain harvest in China from the Western Han Dynasty to the Five Dynasties. *Science China: Earth ciences*, 57(7), p. 1708.

국 전역으로 퍼져 수십만에서 수백만 명이 넘는 신도를 모았고, 새로운 세상을 부르짖던 그들은 어느 순간 황건적으로 변모했다. 기후 변화로 인한 농촌 경제의 파탄이 황건적의 난으로 이어지며 연달아 치명타를 맞은 한 왕조는 결국 220년에 멸망하고 말았다.

한나라가 멸망한 뒤에도 한랭건조한 기후가 계속되어 농업 생산성은 계속 낮아졌다. 이는 중국 땅이 진나라에 의해 통일된 지 고작 36년 만에 분열하는 결과로 이어졌다. 진 왕조가 통일 제국의 기틀을 다지기도 전에 내분에 빠진 틈을 타, 한족이 오호五胡라 불렀던 북방의 유목민 집단(흉노, 선비鮮卑, 갈羯, 저氐, 강羌)들이 침입했기 때문이다. 이들은 그나마 덜 춥고 건조한 땅을 찾아 진나라의 영토를 대대적으로 침범했고, 양쯔강 이북 영토를 빼앗아 수많은 나라를 세웠다. 이후 중국 대륙의 북부에서는 유목민 계통의 왕조가, 남부에서는 한족 계통의 왕조가 난립했고, 얼마 버티지 못한 채 다른 왕조에게 찬탈당하는 일이 이어졌다. 300년이 넘도록 제대로 된 통일 왕조가 들어서지 못하고 오랫동안 나라가 안정적으로 이어지지도 못했던 이 난세를 위진남북조魏晉南北朝 시대라 부른다.《삼국지연의》에 등장하는 신출귀몰한 능력을 갖춘 여러 영웅호걸조차 수습하지 못하고 오랫동안 이어진 난세는 기후변화로 인한 재난의 영향이 컸다.

동아시아 문화권의 기틀을 다진
통일 왕조와 세계 제국

300년이 넘도록 이어진 분열과 혼란을 수습하고 중국 땅을 재통일한 인물은 수 왕조를 세운 문제文帝였다. 문제는 과거제의 전신인 선거제를 도입하여 능력 본위의 인재를 선발하는 한편, 토지 분배를 통해 자영농을 육성하고 황허강과 양쯔강을 잇는 대운하의 착공을 시작하여 중국 땅에서 강력한 통일 왕조가 이어질 수 있는 기반을 확고히 했다. 이 때문에 학계에서는 서로마 멸망 이후 여러 국가와 민족의 영역으로 분열한 유럽과 달리, 중국은 수 문제 덕분에 한나라 멸망 이후에도 계속해서 통일된 영역을 이어올 수 있었다고 보기도 한다. 그렇다면 300년도 더 넘는 분열의 시기를 거친 끝에 왜 수 문제에 이르러서야 비로소 중국 땅은 다시 통일될 수 있었을까?

540년 이후 중국에는 수백 년에 걸친 한랭기가 끝나고 온난습윤기후가 다시금 찾아왔다. 이러한 기후변화로 중국 땅의 농업 생산성과 인구 부양력은 증가했고, 6세기 후반에는 한나라가 전성기를 구가하던 시절에 비견될 정도로까지 회복되었다.[39] 즉, 혼란기를 벗어나 재통일이 이루어질 환경적 여건이 조성된 것이다. 수 문제는 개인 역량이 출중한 명군이었지만, 그가 중국을 재통일할 수 있었던 배경에는 이러한 기후의 도움을 받은 부분도 적지 않았다.

수나라는 통일을 이룩한 지 40년도 지나지 않은 619년 멸망했다. 2대 황제 양제爆帝 가 감행한 무리한 고구려 원정의 실패, 과도한 토목 공사와 사치 등에 따른 결과였다. 하지만 수나라 멸망 직후 중국은 분열하는 대신 당唐 왕조에 의해 다시금 통일되었다. 7세기에도 계속된 온난습윤기후 덕분에 중국의 농업 생산성이 향상하면서 인구 부양력과 경제력 또한 탄탄해졌기 때문이다.

건국 이후 1세기가 넘도록 흉노를 상국으로 섬겨야 했던 한나라와 달리, 당나라는 건국 직후 바로 세계적인 제국으로 떠오를 수 있었다. 북방의 유목민 제국 동돌궐은 전성기 흉노 못지않은 강적이었지만, 당나라 건국 직후인 627년에 이르러 그들의 근거지인 몽골의 스텝 지대를 강타한 주드dzud 에 의해 치명타를 입었다. 주드는 몽골에서 평균 10년 주기로 발생하는 한파인데, 당시 일어난 주드의 피해가 특히 심각했다. 당나라 사신 정원숙鄭元璹 은 주드에 피해를 받은 동돌궐이 3년 안에 멸망할 거라고 조정에 보고할 정도였다.[40] 당 태종은 이때를 놓치지 않고 동돌궐을 격파하여 멸망시켰다. 이후 당나라는 신라와 연합하여 한반도의 백제와 고구려를 멸망시키고 통일신라 및 발해와 선린관계를 맺은 뒤, 중앙아시아에까지 진출해 동서를 아우르는 대제국을 세웠다. 세계 제국 당나라는 외국인을 대상으로 하는 과거제를 도입하는 등 외국인을 적극적으로 받아들이고 주변국과 활발히 교류하면서 동서 문화를 융합한 찬란한 문화를 발전시켰다. 그러는 가운데 동아시아 문화권에 속한 나라들은 당나라와의 활발한 교류를 통해 중국 문화를 더욱 적극적으로 흡수하면서 그들 나름의 방식으로 문화를 재창조했다. 서라벌, 하슬라와 같은 한반도 고유어 지명이 경주慶州, 강릉江陵 등의 한자식 지명으로 바뀌기 시작한 때도 바로 통일신라와 당나라 간의 교류가 활발했던 남북국시대였다.

당나라 역시 8세기 중후반 이후 한랭화에 따른 농업 생산성 저하와 연이은 반란으로 몰락하여 10세기에 결국 멸망했다. 하지만 한대에 기틀이 다져지고 수·당대에 공고화된 통일 중국의 땅은 주변 지역과의 문명 교류를 통해 동아시아라는 문화권의 지도를 그려냈다. 이처럼 우리나라가 속해 있는 동아시아 문화권이 형성될 수 있었던 중요한 계기는, 한나라와 수·당이 통일 제국을 형성하고 북방의 유목민마저 격퇴할 수 있는 힘이 되어준 기후변화에서도 찾을 수 있다.

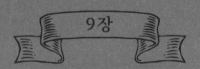

9장

로마가 대제국의 영광을
잃고 사분오열한 원인

중국에서 한나라가 본격적인 통일 왕조의 영역을 만들어갈 무렵, 서쪽으로 멀리 떨어진 지중해 세계에서는 이탈리아반도의 로마가 통일을 이루었다. 지중해의 강자로 부상한 로마는 이후 수백 년에 걸쳐 유럽 전역을 정복했고, 이 과정에서 서구 학문과 문화예술의 뿌리라 일컬어지는 그리스의 학문과 문화까지 받아들여 실용성과 심오함을 겸비한 수준 높은 로마 문화를 발전시켰다. 그 덕분에 로마는 유럽을 하나의 문화권, 서구 문명권이라는 영역으로 그려 낼 수 있었다.

고대 서구 세계의 수많은 강국 중에서 로마가 유럽 문명권의 기초를 다질 수 있었던 데에는 여러 요인이 있다. 앞선 그리스 문화를 적극적으로 수용하는 등 타 문화를 받아들이고 배울 줄 알았던 로마인의 유연함, 군단병으로 대표되는 로마군의 우수성, 오늘날까지 영향을 미치고 있는 수준 높은 로마의 법률과 건축술 등을 꼽을 수 있다. 하지만 로마의 팽창과 번영은 한나라가 그랬듯 기후변화, 정확히는 기후의 온난화에 힘입은 부분도 크다. 즉, 로마는 온난습윤기후 덕분에 국력을 키울 수 있었고, 이는 로마가 수많은 외부의 강적을 상대로 연승하며 유럽 문명의 토대를 다진 제 국으로 발전하는 원동력이 되었다.

그뿐만이 아니다. 후한과 마찬가지로, 로마 역시 기후의 한랭화로 점점 쇠퇴하며 결국 동서로 분열하고 말았다. 서로마는 기후변화의 직격탄을 맞아 유럽의 지정학적 질서의 격동을 이겨낼 힘을 잃은 채 멸망했고, 이후 중국과 달리 통일 왕조가 두 번 다시 들어서지 못한 서유럽은 수많은 국가와 민족집단의 영역으로 계속 분열되었다. 요컨대 로마와 한나라의 흥망성쇠는 기후변화라는 지구환경의 거대한 흐름에서 완전히 자유롭지 못했다.

태양과 화산을 등에 업은 로마 군대의 영토 확장

'로마는 하루아침에 이루어지지 않았다'라는 격언이 시사하듯, 로마는 처음엔 오늘날의 로마시 일대에 세워진 작은 도시국가였다. 로마가 역사에 그 모습을 드러낼 무렵, 이탈리아반도에는 여러 부족이 난립했으며 그중에서도 에트루리아인의 세력이 가장 컸다. 신화에 따르면 로마는 트로이전쟁에서 멸망한 트로이의 왕자 아이네이아스가 기틀을 다진 뒤 늑대의 젖을 먹고 자란 군신 마르스의 아들 로물루스가 쌍둥이 동생 레무스를 제거하고 건국했다고 알려져 있다. 하지만 오늘날 학계에서는 기원전 750년 무렵 라틴

족이 세운 도시국가가 로마의 기원이라고 보고 있다.

기원전 509년 공화정을 수립한 로마는, 에트루리아인 등 이탈리아반도의 다른 민족집단과의 경쟁에서 승리를 이어간 끝에 기원전 3세기에는 이탈리아반도를 통일했다. 그다음에는 바다로 눈을 돌려, 북아프리카의 해상 강국 카르타고와 지중해의 해상권을 놓고 120년에 걸친 포에니전쟁을 벌였다. 1차 포에니전쟁(기원전 264~기원전 241년)에서는 카르타고군 사령관 하밀카르Hamilcar Barca에게 해군력을 궤멸당하며 위기에 몰렸다가, 땅에 욕심을 부린 카르타고 귀족들이 해군을 축소하고 아프리카 원정에 나선 틈을 타 해군력을 재건해 카르타고를 제압하고 지중해 서부를 장악했다. 이후 2차 포에니전쟁(기원전 218~기원전 202년)에서는 하밀카르 바르카의 장남인 명장 한니발Hannibal Barca의 맹공 앞에 국가적인 위기에 몰렸으나 카르타고 본토를 역습하여 결국 승리를 거두었다. 이후 3차 포에니전쟁(기원전 149~기원전 146)에서는 카르타고를 완전히 파괴한 뒤 복속시키면서 지중해를 로마의 바다로 만들었다. 로마는 이어서 그리스, 마케도니아, 이집트 그리고 알프스 이북의 켈트족 등을 차례로 정복했고, 기원후 1~2세기 무렵에는 지중해 연안과 남서유럽을 지배하는 대제국을 이루었다. 이러한 로마의 영토는 오늘날 유럽 문명이라는 영역의 직접적인 토대가 되었다.

로마가 대제국으로 발돋움하는 과정에서 상대한 세력들은 결코 만만한 상대가 아니었다. 특히 포에니전쟁으로 맞붙었던 카르타고는 로마가 한낱 도시국가에 불과했을 때부터 지중해 해상권

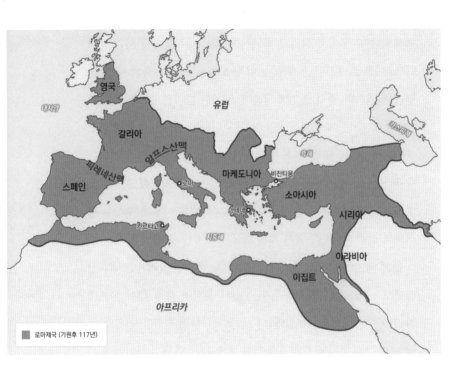

영국
대서양
유럽
갈리아
알프스산맥
피레네산맥
마케도니아
비잔티움
스페인
로마
소아시아
아테네
시리아
카르타고
아라비아
지중해
이집트
아프리카

■ 로마제국 (기원후 117년)

117년 로마제국의 영토. 이탈리아반도의 작은 도시국가에서 시작해
카르타고, 그리스, 이집트, 마케도니아 등을 차례로 정복하고,
지중해 연안과 남서유럽, 북아프리카를 아우르는 대제국을 건설했다.
당시 로마의 영토는 유럽 문화권을 이루는 영역의 토대가 되었다.

을 장악해온 유구한 전통을 자랑하는 해상 강국이었다. 로마가 이탈리아를 통일하기 50여 년 전에 그리스와 인더스강 유역, 이집트를 아우르며 동서 문화 교류에 이바지한 헬레니즘 제국을 세웠던 마케도니아 역시, 전성기가 지났지만 로마 못지않은 군사 강국이었다. 아울러 켈트족은 수백 년이 넘도록 알프스 이북의 중부 유럽을 지배하며 유럽 전역에 용명을 떨치던 강력한 전사들이었다. 1차 포에니전쟁에서 패배했던 것처럼, 이들과 상대하며 로마가 입은 손실도 만만치 않았다. 그러나 결국 로마는 외부의 강적들과 수백 년에 걸친 전쟁을 치르며 승리했고, 유럽과 지중해, 북아프리카를 아우르는 대제국을 세웠다. 로마는 어떻게 이렇게 수많은 강적과의 전쟁에서 연승하며 세계 제국을 이룩할 수 있었을까?

물론 여기에는 다양한 요인이 있었다. 예를 들어 1차 포에니전쟁에서는 카르타고의 귀족층이 눈앞의 강적인 로마 대신 아프리카 땅에 욕심을 내는 바람에 다 이기다시피 한 전쟁을 망치고 결국 나라를 멸망에 이르게 만들었다. 켈트족은 전사 개개인이 로마군 이상으로 용맹했고 숫자로도 로마군을 압도했지만, 통일을 이루지 못한 부족 연합체였기에 조직적이고 체계적인 로마군에게 결국 패배할 수밖에 없었다. 더구나 로마는 원로원으로 대표되는 정치제도의 우수성, 튼실한 자영농 시민계급에 토대한 견실한 경제력, 체계적이고 효율적인 조직력을 갖춘 로마군의 효용성 등을 갖추고 있었다. 하지만 로마가 이토록 수많은 외부의 강적을 상대로 계속 승리할 수 있었던 배경에는 기원전 2세기 무렵부터 기원후 2세기에 걸친 기후변화를 떼놓고 생각하기 어렵다.

이 시기의 로마는 태양 활동이 증가하고 화산 활동이 현저하게 감소해 평균 기온이 서기 1년부터 1750년까지의 평균치보다 1도 가량 상승하는 등 눈에 띄게 온난습윤해졌다.[41] 이미 이탈리아반도의 통일을 이루어내 신흥 강국으로 떠오른 로마에게 농업 생산성의 비약적인 확대를 가져온 이러한 기후변화는 호재 중의 호재였다. 경제력과 인구 부양력의 증대는 로마의 군사력을 강화시켰다. 군인 개개인이 무장을 갖추어야 했던 고대 세계에서, 중산층 자영농이 튼튼해진 로마는 강력한 군단을 유지할 힘을 얻을 수 있었다. 아울러 인구의 증가와 경제력의 성장은 로마가 숱한 강적들과 수백 년 동안 전쟁을 치르며 입은 손실을 빠르게 회복할 수 있게 해주었다. 그 덕분에 로마는 포에니전쟁에서 승리한 뒤 계속해서 영토를 확장할 수 있었다.

한랭화가 불러온
동서 로마의 분열

세계 제국 로마의 건설에 많은 힘을 보태준 기후는 태양의 흑점이 증가하고 대규모의 화산 분출까지 이어진 3~4세기를 거치면서 점차 한랭하게 변해갔다.[42] 심지어 3세기의 로마는 유례없는 가뭄에 시달렸다.[43] 기후의 한랭건조화는 자연스레 농업 생산력을 감소시켰다. 로마의 '빵 바구니'라 불렸던 곡창 지대 이집트의 농업 생산력이 3세기 이후 계속해서 감소한 것은 바로 그 대표적인 사례였다.[44]

이러한 기후변화가 일어난 원인으로, 로마의 전성기였던 서기 100년 무렵, 개간을 위해 숲에 불을 지르고 땔나무를 연료로 사용하면서 대기 중에 퍼진 검댕과 그을음, 재 등의 에어로졸aerosol이 지표면으로 복사되는 태양에너지를 차단하면서 유럽 기온을 0.1~0.5도가량 낮추는 효과를 가져왔으리라고 보는 연구 결과도 있다.[45] 인류는 이미 고대부터 자연환경과 기후에 일정 부분 영향을 미쳐왔고, 로마 역시 예외는 아니었던 것이다. 하지만 로마인이 대기 중에 배출한 에어로졸의 양은 기후에 일정 부분 영향을 미칠 수 있을 정도였지만, 태양 활동이나 대기·해수의 순환과 같은 다른 여러 요인의 영향력을 상쇄하고 온난화를 한랭화로 바꿀 정도로 압도적이지는 않았다. 즉, 로마의 한랭화는 어디까지나 인위적인 요인에 의한 기후변화라기보다는 자연적인 현상이었다고 봄이 타당하다.

기후의 한랭화에 따른 농업 생산성 감소는 농업에 기반을 두었던 고대 로마의 경제와 사회에 치명타를 안겼다. 이미 한계에 가까울 정도로 팽창한 제국을 유지하기 위해서는 강력한 군사력과 방대한 재정이 필요했는데, 농업 생산성의 감소로 재정 수급 능력과 인구 부양력이 감소하면서 거대한 제국에 구멍이 생기기 시작했다. 게다가 기후변화는 양극화를 심화시켜 사회적 혼란까지 더

했다. 한랭화의 타격은 상대적으로 기반이 약한 중소규모 자영농부터 몰락시켰고, 이들이 기득권에 속하는 대지주의 소작농으로 전락함에 따라 로마의 사회적 양극화는 계속해서 심해졌다. 로마의 경제와 사회, 군사력의 허리를 이루던 중산층이 몰락하니 로마의 국력은 쇠퇴할 수밖에 없었다. 로마가 혼란과 내분에 빠진 틈을 타 동쪽 국경지대에서는 게르만족의 침입과 약탈이 눈에 띄게 잦아졌고 사산조페르시아(224년 건국)까지 로마 남동부의 영토를 잠식해갔다.

디오클레티아누스Diocletianus 황제는 로마의 위기를 수습한 뒤, 제국 영토를 동부의 황제 직할령과 서부의 서부 황제령으로 재편했다. 이는 광대한 제국을 효율적으로 통치하기 위한 수단이었지만, 한랭화로 인한 피해가 제국의 동부보다도 서부에 집중되었기 때문에 취할 수밖에 없었던 조치였다. 북극의 빙상氷床이 확장하고 대서양의 수온이 하강하면서 북대서양에 인접한 로마 서부의 한랭화가 동부보다 더욱 심하게 일어났기 때문이다.[46] 디오클레티아누스 퇴위 후 콘스탄티누스대제Constantine the Great가 330년 제국의 수도를 로마에서 콘스탄티노플(오늘날 이스탄불)로 천도한 까닭은 기후변화에 따른 로마 중심지의 지리적 이동을 분명하게 보여주는 사례라 할 수 있다.

테오도시우스 1세Theodosius I가 장남 아르카디우스Arcadius와 차남 호노리우스Honorius에게 제국의 동부와 서부를 분할해 물려줌으로써, 395년 로마는 완전히 동서로 분열하고 말았다. 디오클레티아누스가 이처럼 로마가 분열할 실마리를 만들 수밖에 없었던 까닭은 기후변화가 불러온 로마의 쇠퇴와 혼란이 있었기 때문이다. 유럽 문명의 직접적인 토대를 형성한 위대한 제국조차도 기후변화의 힘을 이기지 못했다.

기후변화의 직격탄, 서유럽 지도를 재편하다

동서로 분열한 로마는 크게 상반된 운명을 맞이했다. 서로마는 호노리우스가 즉위한 지 80여 년 만에 멸망했지만, 동로마는 수백 년 동안 유럽의 으뜸가는 강국이자 문명국으로 번영하다 중세의 끝자락인 1453년에야 멸망했다. 그 이유는 로마의 중심지를 서부에서 동부로 옮겨 가게 만든 기후변화뿐만 아니라, 로마의 동쪽 국경 너머에 있던 유라시아 스텝 서부의 기후변화와도 깊은 관계가 있다.

한 무제에 의해 몽골 일대의 근거지를 잃은 흉노족은 기마 유목민의 삶터인 유라시아 스텝을 따라 한나라와는 반대 방향인 서쪽으로 머나먼 이주길에 올랐다. 그 과정에서 훈족이라는 이름으로 불리게 된 그들이 카스피해에서 캅카스 일대에 걸친 지역에 자리 잡은 2~3세기 무렵, 중앙아시아 스텝의 기후는 눈에 띄게 습윤해졌다.[47] 조상들의 신들린 듯한 기마술과 기병 전술을 이어받은 훈족은 습윤해진 기후 덕에 풀이 무성하게 자라난 스텝 지대에서 양질의 군마를 얻으며 강한 힘을 축적할 수 있었다. 하지만 엘니뇨 남방진동의 영향으로 인해 338~377년 중앙아시아에 사상 최악의 가뭄이 닥쳐왔고, 훈족은 새로운 삶의 터전을 찾아 또다시 서쪽으로 대규모 이주를 해야 했다.[48] 훈족이 말머리를 돌린 땅에는 수백 년이 넘도록 게르만족이 살고 있었고, 그보다 더 서쪽으로 가면 이미 분열해버린 로마가 있었다.

게르만족은 사납고 용맹한 전사로 정평이 나 있었지만, 훈족의 신묘하기 그지없는 기마 궁술에는 당해내지 못했다. 흑해 연안에 살고 있던 게르만족의 분파 서고트족은 로마가 완전히 분열하기 직전인 375년 훈족을 피해 로마의 허락을 얻어 로마의 변경지대였던 다뉴브강 변으로 이주했다. 그런데 로마는 국력의 쇠퇴로 국정 기강이 해이해지는 바람에 이들을 제대로 관리하지 못했고, 그 결과 일어난 서고트족의 반란에도 대처하지 못해 결국 로마의 영토와 관직을 침범당하고 말았다. 서고트족의 로마 침입을 시작으로 게르만족의 다른 분파들도 로마에 물밀 듯이 유입되었다. 게르만족의 침입로는 동로마보다도 서로마 쪽에 집중되었다. 여전히 강한 힘을 가진 데다 산악 지형이 발달한 동로마보다 기후변화의 직격탄을 맞아 이미 약해질 대로 약해진 서로마가 침략하기 더 쉬웠기 때문이다.

게다가 게르만족에 이어 훈족까지 동서 로마를 침략했다. 아틸라Attila에 의해 거대한 제국으로 거듭난 훈족은 동서 로마를 속국으로 삼기 위해 나섰다. 아틸라 제국은 동서 로마의 군대를 수차례 격파하고, 공물은 물론 일부 영토까지 뜯어냈다. 하지만 아틸라는 끝끝내 동서 로마를 완전히 굴복시키지는 못했다. 동로마의 마르키아누스Marcianus 황제는 재위 직후 국정을 새롭게 바꾸며 아틸라 제국과 일전을 벌일 준비를 했다. 아울러 서로마 역시 게르만족을 포섭하며 기병대를 양성한 권신 아에티우스Flavius Aëtius와 외교적 중재에 능했던 교황 레오 1세Leo I 등의 노력으로 아틸라의 침략으로부터 나라를 지킬 수 있었다. 아틸라가 453년 갑작스레 죽은 뒤 아틸라 제국은 구심점을 잃은 채 급속히 해체되고 말았다.

하지만 아틸라의 노도 같은 침공이 가져다준 충격은 동서 로마에 서로 다른 수준으로 다가갔다. 동로마는 아틸라 제국은 물론 사산조페르시아라는 또 다른 강적까지 상대해야 했지만, 튼튼한 국력을 바탕으로 강대한 제국을 유지하며 중앙집권체제를 다져갈 수 있었다. 하지만 기후변화로 인해 황폐해진 서로마는 게르만족과 아틸라 제국의 연이은 침략에 따른 후유증을 이겨내지 못했다. 아틸라 제국이 멸망한 뒤에도 혼란스럽던 서로마는 476년 게르만족 출신 용병대장 오도아케르Odoacer의 정변에 의해 결국 멸망했고, 서로마의 땅은 게르만족이 세운 수많은 왕국으로 분열되었다. 수백 년 전 기후변화로 인해 근거지를 잃고 서쪽으로 쫓겨난 훈족은 이어진 기후변화를 겪으며 서쪽으로 이주한 끝에 대제국을 세워 서양사와 서구 문명의 영역에 크나큰 변화를 가져다주었다.

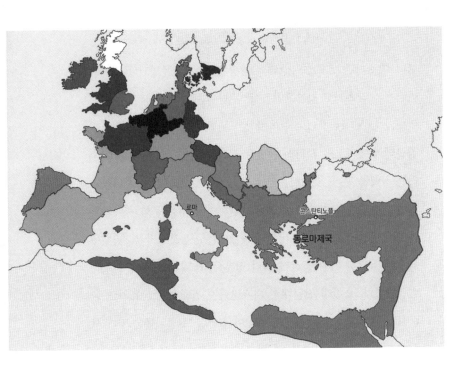

기후의 한랭화에 따른 피해로 이미 세력이 약해져 있던 서로마는
중앙아시아의 가뭄을 피해 서쪽으로 이주한 훈족과, 그런 훈족을 피해
로마의 영토를 침입한 게르만족에 의해 치명타를 입었다.
쇠퇴 일로를 걷던 서로마제국은 476년 멸망했고, 제국의 영토는
게르만족이 세운 수많은 왕국으로 분열되었다.

후한과 마찬가지로 로마 역시 기후변화를 이기지 못한 채 분열했고, 서로마는 결국 멸망했다. 그런데 후한이 멸망한 뒤에도 새로운 왕조가 들어서 통일된 영역을 이어갈 수 있었던 중국과 달리, 서유럽에는 두 번 다시 로마와 같은 통일 왕조가 들어서지 못했다. 그렇다면 서유럽은 로마의 영광을 잃은 채 분열과 투쟁만이 이어지는 암흑기로 접어들었을까? 그렇지는 않다. 중국처럼 통일 왕조가 다스리는 땅으로 이어지지는 못했지만, 수많은 나라와 민족집단의 영역으로 갈라진 유럽은 로마를 멸망시킨 한랭한 기후라는 장애를 딛고 그들 나름의 문화와 질서를 세워갔다. 한나라와 로마는 온난습윤해진 기후 덕에 융성하며 거대한 문화권의 기틀을 닦았고 한랭해진 기후 탓에 쇠퇴했다는 공통분모가 있지만, 두 제국이 쇠퇴한 뒤의 중국과 유럽 땅은 사뭇 다른 모습의 지도로 발전해갔다. 요컨대 전근대의 기후변화는 위대한 제국조차도 몰락시킬 정도로 무서운 자연의 위협이었지만, 그 결과물은 땅과 사람에 따라서 다르게 나타나며 새로운 역사로 이어졌다.

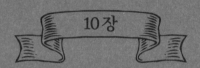

10장

흑사병, 온난기의
암흑시대를 끝장내다

중세 유럽을 흔히들 '암흑시대'라 부른다. 르네상스와 근대를 거치면서 서구의 수많은 지식인과 문인, 예술가들이 중세를 고대 그리스·로마의 찬란한 문화·예술과 수준 높은 학문적 업적이 단절되고, 미신과 비이성이 판치던 암흑시대로 규정했기 때문이다. 이러한 견해는 오늘날에도 여전히 널리 퍼져 있으며, 심지어 2000년대 이후 발표된 학술논문 중에도 서양 중세사를 암흑시대로 간주한 사례가 적지 않다.

실상은 달랐다. 7~8세기 이후 유럽에는 온난기가 무려 500년에 걸쳐 계속되면서 봉건혁명이라 불리는 경제와 사회의 대대적인 확장이 이어졌다. 인구와 경제력이 계속해서 커진 유럽 세계는 십자군 전쟁 등을 일으키며 외부로 팽창했고, 이 과정에서 제지술, 화약 등의 신문물을 받아들이며 더한층 발전할 수 있었다.

1,000년을 이어간 서양의 중세는 그리스도교와 봉건제라는 새로운 질서 속에서 서구 세계가 고대와는 질적으로 다른 차원으로 발전한 시기였다. 그리고 중세의 영광과 종언은 기후변화와 맥을 같이했다.

북대서양 진동,
유럽 정치 지형까지 뒤흔들다

서로마 멸망 후에도 1~2세기 이상 한랭한 기후가 이어지는 가운데, 서유럽에 난립한 게르만족 부족과 왕국은 땅과 권력을 놓고 전쟁을 이어가다가 패배를 거듭하며 자멸해갔다. 와중에 경제와 사회를 지탱할 원동력인 농업과 상업, 치안은 황폐해져만 갔다. 로마가 수 세기에 걸쳐 이룩한 수준 높은 예술적·학문적 성취와 인프라도 상당 부분 소실되고 말았다.

그러던 가운데 유럽 대륙의 기후에 심상찮은 변화가 일어났다. 이 변화를 이야기하려면 그전에 북대서양 진동North Atlantic Oscilliation에 대해 알아야 한다. 이는 포르투갈 리스본에서 서쪽으로 1,500여 킬로미터 떨어진 대서양 해상의 아조레스제도 상공의 아조레스고기압과 아이슬란드 상공의 아이슬란드저기압이 상호 작용하는 현상을 일컫는다. 북대서양 진동 지수가 증가해 양의 값이 될 때, 즉 아조레스고기압의 기압이 높아지고 아이슬란드저기압의 기압이 낮아질 때는 북대서양 상공의 기압 차가 커지면서 남서풍이 강하게 분다. 반면 북대서양 진동 지수가 낮아져 음의 값이 될 때, 즉 아조레스고기압의 기압이 낮아지고 아이슬란드저기압의 기압이 평소보다 높아질 때는 북대서양 상공의 기압 차가 작아지면서 남서풍이 약해진다.

언뜻 보면 북대서양 진동이 높을수록 바람이 강해지면서 유럽의 기후가 한랭해질 것처럼 보일 수 있지만, 실상은 그 반대였다. 북대서양 진동 지수가 양의 값을 이루면 강한 남서풍이 표층 수온이 높은 멕시코만류와 저위도 지대의 온난습윤한 공기를 북유럽과 극지 방면으로 강하게 유입시킨다. 그러면 중·북부 유럽은 기온과 강수량이 증가하고, 지중해 연안 남유럽은 기온과 강수량이 낮아진다. 반면 북대서양 지수가 음의 값을 이루면 상대적으로 남서풍이 약해지면서 북유럽 방면으로 유입되는 멕시코만류와 온난습윤한 공기가 줄어들기 때문에, 중·북부 유럽은 기온과 강수량이 낮아지고 남유럽은 기온과 강수량이 증가한다.[49] 그리고 이러한 아조레스고기압과 아이슬란드저기압의 세력 변화가 마치 시소처럼 주기적으로 일어나기 때문에, 유럽과 북반구의 기후는 주기적으로 바뀌면서 큰 틀에서는 비교적 안정된 패턴을 유지하게 되는 것이다.

문제는 이러한 북대서양 진동에 심각한 변동이 일어나면서 유럽의 기후가 급격히 변하기 시작한 데 있다. 500년 무렵부터 강수량이 지나치게 많아지면서 폭우와 같은 이상기후 현상까지 증가했다.[50] 이 때문에 가뜩이나 전란으로 피폐해진 유럽의 농촌은 더욱 황폐해졌고, 정치적 분열과 혼란은 그칠 기미를 찾기 어려웠다. 어렵게 전쟁에서 이겨 새로운 땅을 얻어도, 날씨가 추워진 데다 토지까지 황폐해져 국정 안정과 부국강병으로 이어지지 못했다. 그 와중에 인구까지 감소하여 식량 수요와 노동력이 줄어들었고, 유럽 농촌의 경작지가 방목지로 바뀌는 일까지 속출했다.[51]

유스티니아누스 대제 Justinian the Great 치하에서 옛 로마의 강역을 대부분 회복하는 듯하던 동로마제국조차도 기후변화가 불러온 재난을 피하지 못했다. 오히려 당대 유럽에서 가장 선진적이어서 도시화율도 높았던 동로마였기에, 한랭한 기후 속에서 유행한 흑사병에는 더욱 취약했다. 흑사병은 인구가 밀집한 도시에서 빠르게 퍼져 동로마제국에 치명타를 안겼다. 이로 인해 동로마는 545년 유스티니아누스 대제가 세상을 떠난 뒤, 그가 정복한 영토를 대부분 상실했다.

기후변화의 타격으로 인해 유럽이 피폐해져만 가는 가운데, 아라비아에서 발흥한 이슬람 세력이 7세기 중반에 동로마로부터 이집트와 레반트를 아우르는 광대한 영토를 빼앗았다. 661년 수립된 이슬람 왕조인 우마이야왕조는 그 후로도 급속한 팽창을 이어가며 북아프리카를 완전히 장악했고, 718년에는 이베리아반도까지 정복했다. 유럽은 문자 그대로 내우외환의 위기에 처했다.

온난한 기후 속에서 꽃핀 카롤루스 르네상스와 봉건혁명

732년 프랑크왕국의 재상 카롤루스 마르텔루스 Carolus Martellus 는 오늘날 프랑스 서부에 있는 투르와 푸아티에에서 우마이야왕조의 군대를 격퇴했다(투르-푸아티에 전투). 이로써 이슬람 세력이 유럽

방면으로 팽창해가는 기세가 한풀 꺾였다.

전쟁 영웅으로 부상한 카롤루스 마르텔루스의 아들 피피누스 3세 브레비스Pippinus III Brevis 는 프랑크왕국의 왕좌를 찬탈하여 카롤루스 왕조를 열었다. 피피누스 3세의 장남 카롤루스대제Carolus Magnus 는 대대적인 정복 사업을 벌여 프랑크왕국을 서유럽 대부분을 지배하는 대제국으로 발전시킨 뒤, 교황으로부터 서로마 황제의 관을 받는 위업을 이룩했다.

카롤루스 마르텔루스와 카롤루스대제에게는 자연이 가져다준 행운까지 따랐다. 투르-푸아티에 전투가 일어나기 몇십 년 전인 6세기 말부터 유럽에서는 기온과 강수량이 증가하기 시작하더니, 800년 무렵에는 로마 전성기와 비슷한 수준까지 회복되고 이상기후 현상도 크게 줄었다.[52] 그러면서 인구도 자연히 늘어났다. 경제력과 인구 부양력이 회복되자 수 세기를 이어온 분열과 항쟁을 그치고 외세의 침공을 막아낼 힘도 생겨나게 되었다. 서유럽은 다시금 부강한 나라, 대제국이 들어설 수 있는 땅으로 변모했다. 로마 말기부터 중세 초기까지 이합집산하던 여러 게르만계 왕국 가운데 하나에 불과했던 프랑크왕국이 우마이야왕조의 침공으로부터 서유럽을 구원한 강국으로 발돋움할 수 있었던 배경에는, 서유럽의 기후가 다시금 온난습윤해지면서 유럽의 힘이 회복되었다는 사실도 자리 잡고 있다.

카롤루스대제가 즉위할 무렵의 서유럽은 이미 한랭한 기후가 안겨준 상처를 대부분 회복하고 번영할 수 있는 환경이 마련된 상태였다. 온난습윤해진 서유럽의 기후는 국력과 내실을 다질 대로 다진 프랑크왕국과 카롤루스대제에게 서유럽에 새로운 질서를 세울 주체로 거듭날 힘을 실어주었다. 이에 따라 카롤루스대제는 대대적인 원정을 단행하여 프랑크왕국의 영토를 서유럽 대부분으로 확장했을 뿐만 아니라, 서로마 멸망 이후 크게 위축된 그리스·로마 문화의 진흥을 바탕으로 수준 높은 프랑크 문화를 창달했다. 아울러 군주가 봉신이 영지를 다스릴 권리를 보장해주는 대신 그들로부터 세금을 걷고 유사시 병력을 제공받는 쌍무계약에 입각한 봉건제까지 확립했다. 이를 통해 프랑크 제국은 오랫동안 분열되어 온 영토를 효과적으로 다스리고, 많은 비용이 드는 중장기병의 양성과 유지를 지방 영주들에게 모두 맡겨 강력한 군사력을 효율적으로 확보할 수 있는 수단을 마련했다.[53] 이로써 로마의 후예 프랑크 제국이 탄생했고, 유럽은 서로마의 멸망으로 흩어지는 대신 공고한 문화권을 유지하며 발전해 나갈 수 있었다. 이러한 점에서 카롤루스대제는 '유럽의 아버지 Pater Europae'로, 그의 치세는 학계에서 '카롤루스 르네상스'라고도 불린다.

프랑크 제국은 843년 베르됭조약에 의해 서프랑크, 중프랑크, 동프랑크로 분열했다. 카롤루스대제 치하에서 급격히 확대된 영토를 유지할 동력이 대제 사후 약해졌고, 장자 상속이 확립되지 못해 후계 문제를 둘러싼 분쟁을 방지하지 못했기 때문이었다. 그리고 봉건영주들은 영지의 소유권과 계승권을 둘러싸고 끊임없이 무력에 의한 분쟁을 이어갔다. 봉건영주는 영지에서 작은 왕처럼

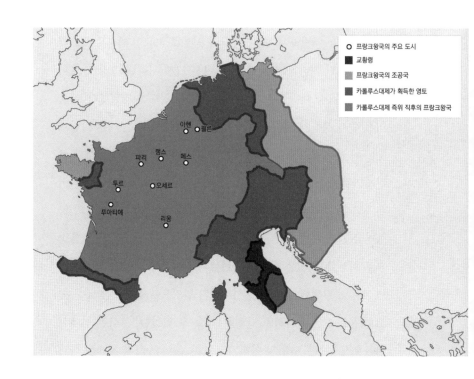

카롤루스대제는 분열이 이어지던 서유럽을 재통일하는 위업을 달성했다.
그 배경에는 6세기 말부터 안정된 유럽의 기후가 영향을 미쳤다.
기온과 강수량이 점차 증가했고, 이상기후 현상도 크게 줄었으며,
그로 인해 인구가 늘고, 경제력이 회복되었다. 수 세기를 이어온
분열과 항쟁을 그치고 대제국이 들어설 수 있는 땅으로 변모한 것이다.

군림할 권리가 있었고, 군주는 이들이 납세와 병역 등의 의무를 저버리지 않는 한 통제하는 데 한계가 있었다. 게다가 9~10세기부터 북유럽의 노르만족이 서유럽 각지를 침공하고 약탈하기 시작했으며, 동쪽에서도 마자르족 등의 이민족이 유럽을 침략했다. 4~5세기의 위기가 다시금 유럽에 찾아온 듯했다.

하지만 이 시기의 유럽은 중세 초기 유럽과는 결정적인 차이점이 있었다. 바로 기후였다. 카롤루스 르네상스 무렵에 본격화한 유럽의 온난기는 13세기까지 무려 500년에 걸쳐 이어졌다. 이 시기 유럽의 여름철 평균 기온은 20세기 평균치보다 0.7~1.4도나 높았고 강수량도 적절했기에, 농업 생산성이 많이 늘어났고 심지어 오늘날에는 상상하기 힘들 영국산 포도주가 유럽 전역에 널리 퍼졌다.[54] 그 덕분에 경제력과 인구 부양력이 증가한 유럽에서는 인구가 늘어나고 농촌이 풍요로워졌을 뿐만 아니라 도시도 자치권을 누리며 발달했다. 경제적으로 여유가 생기니, 유럽의 군주와 제후들은 북쪽에서 침입해 온 노르만족에게 영지를 주어 그들을 회유하고 포섭할 수 있었다.

서유럽은 분열한 프랑크왕국이 남긴 봉건제의 유산을 발판으로 질서를 구축하며 성장을 거듭해갔다. 삼분된 프랑크는 각기 프랑스, 이탈리아, 독일의 토대를 이루었다. 영국, 폴란드, 보헤미아 그리고 마자르족의 땅(헝가리)과 노르만족의 정착지도 그리스도교를 신봉하는 중세 유럽의 영역에 통합되었다. 권력이 봉건 영주들에게 분산되어 왕권은 상대적으로 약했지만, 반란의 위험이 줄면서 역설적으로 사회는 안정되었다.[55] 그러는 가운데 유럽에서는 삼포식 농업*, 바퀴 달린 큰 쟁기 등 농업기술의 혁신으로 생산량이 크게 증가했고, 이에 따라 인구 역시 지속적으로 늘어났다.[56] 수도원과 성당에서는 그리스도교 성직자들과 신학자들이 그리스·로마의 학문적 유산은 물론 이슬람 세계로부터 수입된 문헌까지 연구해 얻은 철학과 자연과학 지식을 바탕으로 그리스도교 교리를 합리적으로 재해석하고 재조명하는 한편, 의학 연구를 통해 환자 치료와 빈민 구제에도 힘썼다.[57]

11세기에 이르러 봉건제는 서유럽 전역에 완전히 정착했다. 장자 상속제까지 확립되면서 서유럽의 봉건사회는 정치적으로 안정되었고, 계속되는 온난기 덕분에 그 안정 속에서 더욱 번영을 구가할 수 있었다. 이를 '봉건혁명'이라 부른다. 봉건혁명으로 인해 축적된 에너지는 중세 서유럽의 팽창으로 이어졌다. 서유럽은 발트해 연안과 북유럽 등으로 진출하여 이들 영역을 유럽 문화권으로 포섭했다. 십자군 전쟁 역시 성지 예루살렘의 수복이라는 명분을 실현하지는 못했지만, 유럽인의 세계관을 크게 넓히며 그들이 더 넓은 세계로 나아갈 발판을 마련해주었다. 즉, 유럽의 중세는 초반의 혼란기를 제외하면 '암흑시대'는커녕 봉건혁명을 통해 한 걸음 더 도약해갔다.

....

* 농경지를 삼등분하여 여름작물(밀), 겨울작물(보리), 목축업을 해마다 번갈아 실시함으로써 지력을 보전하는 농법을 말한다.

소빙기를 맞은 유럽은
어떤 악몽을 마주쳤을까?

봉건혁명의 성숙은 13~14세기 몽골제국의 등장에 따른 동서 교역의 활성화, 즉 다음 장에서 다룰 팍스 몽골리카Pax Mongolica가 불러온 상업과 무역의 발달과 맞물려, 유럽 각지에 상업도시가 크게 성장하는 결과로 이어졌다. 베네치아, 제노바, 밀라노 등의 유력 대도시 인구는 13세기에 접어들어 10만 명을 넘어섰다. 어지간한 대도시 인구가 수만 명에 불과하던 중세 유럽에 이러한 도시가 등장했다는 점에서, 중세 중·후기는 유럽에 도시 혁명이 일어난 시대라고 해도 아주 틀린 말은 아니다.[58]

상업과 무역으로 막대한 경제력을 축적한 도시는 군주와 봉건 영주의 간섭에서 벗어나 자치를 누렸다. 뛰어난 상공업 역량과 경제적 부를 활용해 우수한 무기를 갖추고 실전 경험이 풍부한 용병을 대거 고용해 군사력을 키웠다. 베네치아나 제노바와 같이 경제적으로 크게 성공한 도시는 명목상 도시국가였지만, 실제로는 지중해 곳곳에 해외 영토와 식민지를 거느린 해양 제국에 가까웠다.

그런데 중세 유럽의 도시에는 중대한 약점이 있었다. 근대적인 상하수도 시설이 갖추어지지 않았는데 좁은 공간에 인구가 몰려들면서 위생 상태가 당대의 농어촌보다도 훨씬 열악해지고 말았다.[59] 인구밀도가 높은 도시에서는 우물이나 하천이 쉽게 오염되었고, 분뇨나 오물을 처리할 공간이나 시설도 마땅찮았다. 봉건혁명과 중세 유럽의 발전을 대표하는 공간이었던 도시는 역설적으로 비위생적인 환경 속에서 전염병에 취약한 공간이 되고 말았다.

때마침 유럽의 온난기는 끝날 조짐이 보였다. 14세기 초반부터 이상기후와 그에 따른 기근이 눈에 띄게 증가하기 시작한 것이다. 1,400~1,420년에 걸쳐 그전까지 비교적 안정적이던 대서양의 대기 순환이 불안정해지고 이로 인해 북대서양 진동까지 이전보다 급격하게 변동했다.[60] 이에 따라 유럽에는 가뭄, 한파, 폭우, 폭풍 등의 이상기후 현상이 자주 일어나더니 기온이 예전이 비해 눈에 띄게 낮아졌다. 이후 500년 가까이 이어질 유럽 소빙기의 서막이었다.[61]

이상기후와 소빙기에 직면한 유럽은 어떤 상황에 내몰렸을까? 흉작이 이어지며 경제적·사회적으로 큰 타격을 입었다. 500년 동안 지속된 온난기의 영향으로 풍요를 누리며 인구가 최대로 늘어난 상황이었기에 그 피해는 더욱 감당하기 어려웠다. 수많은 유럽인이 농사를 망쳐 굶주림에 시달렸고, 농토를 버린 채 유랑민이나 도적으로 전락하는 농민도 생겨났다. 심지어 가축의 분뇨와 썩은 포도주로 가짜 식량을 만드는 사기꾼이나 무덤을 파헤쳐 값나가는 부장품을 훔쳐 가는 도굴꾼마저 횡행했다.[62]

이어질 수순은 무엇이었을까? 후한 말이나 로마제국 말기에 그랬던 것처럼, 중세 유럽 역시 무정부 상태에 빠진 채 각지의 군벌이 난립하는 난세로 돌아가거나 혹은 강대한 외세의 침략에 와해했을까? 그렇지는 않았다. 하지만 소빙기의 도래가 중세 유럽에 주었던 피해는 황건적의 난이나 아틸라 제국의 침략을 능가할 정도로 막심했다.

감기는 겨울에 자주 걸린다. 그러나 추운 날씨에 더 기승을 부리는 전염병은 감기뿐만이 아니다. 코로나19만 보더라도 날씨가 추워지면서 전염력이 심해지지 않던가. 물론 말라리아와 같은 열대성 전염병도 있지만, 대부분의 전염병은 기후가 한랭해지면 더욱 극성을 부린다. 추운 날씨는 사람들의 면역력을 약하게 만들기 때문이다. 날씨가 추워지면 인체가 체온 유지를 위해 에너지를 많이 사용하면서 면역에 쓸 에너지가 줄어든다. 더군다나 한랭한 기후로 인해 농업 생산성이 낮아지면 영양 상태가 나빠지고 이에 따라 면역력까지도 약해지는 것이다.[63] 난방 장비와 시설, 공중보건과 위생, 농업기술 등이 열악했던 전근대 시대에 한랭해진 기후는 전염병에 더욱 취약한 환경을 조성하기 쉬웠다. 실제로 역사 기록을 살펴보면 기후의 한랭화와 영양 상태 및 면역력의 저하 그리고 전염병의 범유행에는 유의미한 상관관계가 발견되는 경우가 많다.[64/65] 그리고 이처럼 기후의 한랭화가 범유행을 일으킬 수 있는 전염병 중에서도 특히 파괴적인 것이 바로 흑사병이다.

의학 용어로는 페스트pest 라 불리는 흑사병은 페스트균Yersinia pestis 이 쥐와 벼룩 그리고 흑사병에 감염된 환자나 보균자의 기침, 타액 등을 매개체로 전파되는 세균성 전염병이다. 흑사병은 엿새 남짓한 잠복기가 지나고 나면 내출혈로 인한 피부의 검은 반점, 종기, 고열, 각혈, 설사 등의 증상을 보이며 3~5일 이내에 사망하는 치명적인 질병이다. 환자의 피부에 생기는 검은 반점과 극히 높은 치사율 때문에 '흑사병'이라는 이름을 얻었다.

흑사병은 전염력도 매우 높아 항생제는커녕 공중위생이 열악했던 전근대사회에서는 매우 파괴적인 재난이었다. 펠로폰네소스전쟁 당시 아테네는 전성기를 누렸지만, 흑사병이 유행하면서 국력에 치명타를 입고 그들보다 훨씬 약체였던 스파르타에 패배해 그리스 세계의 주도권을 내주어야 했다. 6세기 유스티니아누스 대제의 지도 아래 로마의 부활을 눈앞에 두었던 동로마제국 역시 흑사병의 범유행으로 치명타를 맞았다. 공중위생 발달과 항생제 개발로 흑사병의 범유행이 옛이야기가 된 오늘날에조차 치사율이 매우 높고 예후가 극히 나쁜 악성 전염병으로 분류될 정도이다.

14세기 서유럽의 도시 발달은 흑사병의 범유행에 기름을 부었다. 인구밀도가 높은 데다 비위생적인 중세도시의 환경은 흑사병의 범유행에 취약할 수밖에 없었다. 그뿐만이 아니었다. 도시 간에 활발한 교역과 무역 활동은 페스트균이 먼 거리를 넘어 빠른 속도로 유럽 전역에 확산하는 결과로 이어졌다.

흑사병의 범유행이 앞당긴 중세 유럽의 종언

1347년 흑사병의 범유행이 시작된 곳은 제노바의 식민지였고 몽골제국과도 접촉이 잦았던 크림반도의 카파(오늘날 페오도시야)였다. 당시 유럽을 강타한 흑사병은 중국이나 중앙아시아에서 유래한 페스트균이 팍스 몽골리카 시대의 실크로드 교역을 통해 유럽으로 들어왔다고 알려져 있다. 최근 한 연구에 따르면 1338년 무렵 실크로드 무역의 요지였던 오늘날 키르기스스탄 북부의 이식쿨호 인근에서 발병한 흑사병이 실크로드 무역로를 따라 유럽으로 전파되었다고 한다.[66]

1347~1348년 지중해 연안을 휩쓴 흑사병은 1351년에 이르러 유럽 지역 대부분으로 퍼졌고, 막대한 인명피해를 초래했다. 한랭해진 기후와 도시 혁명, 활발해진 무역 활동은 흑사병의 범유행에 기름을 부었고, 면역력이 약해진 유럽인들은 흑사병을 이겨내지 못한 채 속수무책으로 쓰러져갔다. 당대 의학은 흑사병을 치료하기에는 역부족이었다. 특히 무역이 발달했던 지중해 연안의 대도시에는 말 그대로 생지옥이 펼쳐졌다. 농어촌 지역도 도시보다 상대적으로 나았을 뿐, 막대한 피해를 받은 것은 마찬가지였다.

1351년까지 이어진 흑사병의 범유행으로 인해 유럽에서는 전체 인구의 30~60퍼센트에 해당하는 7500만~2억 명이 목숨을 잃었다. 외부와의 접촉을 강력하게 차단한 밀라노와 폴란드 정도가 그나마 비교적 적은 피해를 입었을 뿐이었다. 인구가 급감하고 경작지마저 줄어든 유럽에서는 (비록 지구 기후 패턴을 유의미하게 변화시키는 수준은 아니었지만) 당시 대기 중 이산화탄소 농도가 감소했다는 연구 결과도 있다.[67] 흑사병의 파괴력은 그만큼 규모가 크고 심각했다.

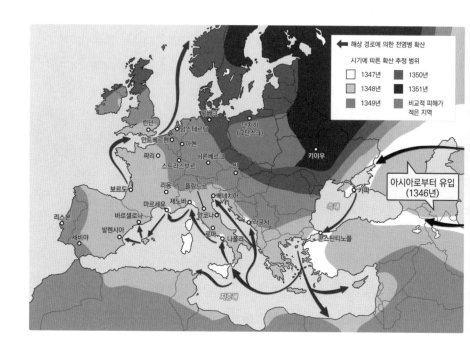

1347~1348년 지중해 연안을 휩쓴 흑사병은 1351년에 이르러
유럽 지역 대부분으로 퍼졌고, 막대한 인명피해를 초래했다.
유럽 전체 인구의 30~60퍼센트에 해당하는 7,500만~2억 명이
목숨을 잃었다. 유럽 소빙기로 인한 기후의 한랭화는 영양 상태 및
면역력의 저하를 불러와 흑사병의 범유행에 취약한 환경을 만들었다.

1352~1353년 동유럽 일부 지역에서 흑사병의 국지적 유행이 이어진 끝에, 유럽 인구의 태반이 소멸하는 미증유의 재난을 불러온 흑사병의 범유행은 막을 내렸다. 워낙 많은 희생자가 생긴 탓에 인구밀도가 갑자기 줄어 병을 옮길 숙주의 수가 줄어들었고, 생존자 중 상당수는 흑사병에 대한 면역력을 갖춘 데 따른 결과였다. 흑사병의 유행은 그 뒤로도 규모와 지속 시기만 달랐을 뿐 세계 각지에서 잊을 만하면 되풀이되며 많은 사람의 목숨을 앗아갔다. 공중위생과 보건에서 획기적인 발전이 이루어지고 항생제가 개발된 20세기에 이르러서야 인류는 비로소 흑사병의 공포에서 온전히 해방될 수 있었다.

흑사병의 범유행은 중세 유럽의 경제와 사회에 막대한 영향을 주었다. 인구가 절반 가까이 줄어들다 보니 노동력이 급감하면서 인건비가 올랐다. 피해가 워낙 컸기 때문에 이런 상황이 무려 2세기도 넘게 이어졌고,[68] 농노의 집약적 노동에 의존하던 중세의 장원 경제는 큰 타격을 받을 수밖에 없었다. 일손이 줄어서 봉건영주들은 예전처럼 농노를 부리기 힘들어졌고, 장원을 유지하기 위한 인건비 부담이 커지면서 그들의 정치적·경제적·사회적 영향력은 약해졌다.

중세 흑사병이 가장 악독하게 설친 무대였던 도시 공간은 역설적으로 범유행 이후 그 힘이 더 커졌다. 당대의 상공업은 농업에 비하면 노동력을 덜 요구했을 뿐만 아니라 수요와 공급의 변화에 부응해 생산량을 비교적 쉽게 조절할 수 있었기 때문이다. 그 덕분에 흑사병의 범유행에 직격탄을 맞았던 중세 유럽의 도시들은 되레 농촌 지역보다도 빠르게 질서와 경제력을 회복할 수 있었다. 도시의 상공업자들은 높은 임금을 제시하며 농민들을 도시로 불러 모았고, 중세 유럽에서 도시 인구의 비중은 범유행 이전보다도 더 높아져갔다.

이렇듯 최악의 재앙이었던 흑사병의 범유행은 장원 경제를 쇠퇴하게 하고, 도시 경제를 다른 차원으로 발전하게 만들어주었다. 이 때문에 흑사병의 범유행을 훗날 유럽이 자본주의, 산업혁명 등을 통해 중국이나 인도 등지를 압도하기 시작한 결정적인 계기라고 보는 학자들도 있다.[69]

카롤루스대제는 500년 동안 이어질 중세 온난화의 영향으로 카롤루스 르네상스를 이룩했고, 그 덕분에 유럽은 로마 말기부터 중세 초기까지 이어진 혼란과 분열을 딛고 유럽 문화권의 토대를 공고히 다질 수 있었다. 그 후 온난화가 끝나면서 일어난 흑사병의 범유행은 전례 없는 규모의 대재난과 더불어 서양 중세의 종말을 불러왔다. 이어진 르네상스와 근대 역시 소빙기의 시대였다. 세련되고 고아한 르네상스·바로크 예술 그리고 과학과 학문의 급속한 발달이 이루어진 르네상스 시대와 근대의 이면에는, 아이러니하게도 소빙기가 불러온 가난과 혼란, 분쟁이 자리 잡고 있었다.

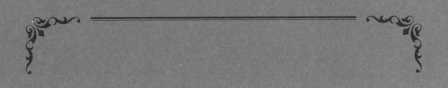

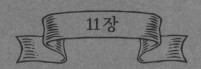

11장

팍스 몽골리카의 영광을 이끈
대륙 북방의 우기

4장에서 살펴본 것처럼, 유라시아 대륙은 이미 고대부터 실크로드 교역을 통해 문물을 주고받으며 다른 대륙보다 빠른 속도로 문명이 발전할 수 있었다. 스키타이, 흉노, 훈, 돌궐 등의 기마 유목민은 유라시아의 동서 교역을 주관했고, 때로는 로마나 한나라 등 농경민이 세운 대제국을 굴복시키거나 멸망케 할 정도로 세력을 떨쳤다.

고대부터 유라시아 동서축을 따랐던 문명의 교류는 매우 오랜 시간에 걸쳐 이루어졌다. 당장 말이 유라시아 전역으로 전파되는 데만 수백 년이 넘는 시간이 걸렸다. 석굴암의 불상이 헬레니즘미술의 영향을 받았다는 사실은 널리 알려져 있지만, 헬레니즘시대와 석굴암이 만들어진 통일신라시대의 간극은 사실 1,000년에 가깝다. 그러다 보니 고대인들은 물론 중세 초·중기까지만 하더라도 서양인에게 동양은, 그리고 동양인에게 서양은 아득히 멀리 떨어진 공간이었다. 유라시아 사람들이 동서양을 연결하며 유라시아라는 공간을 비로소 온전히 인식하게 된 계기는 바로 두 대륙을 통일하다시피 했던 몽골제국의 등장이었다.

몽골제국은 어떻게 유라시아를 아우르는 인류 역사상 전무후무한 대제국을, 그것도 짧은 시일 내에 건설할 수 있었을까? 많은 사람은 그 비결을 칭기즈칸을 비롯한 몽골제국 지도자들의 뛰어난 역량과 유연한 사고 그리고 세계 최강의 기병 전력을 보유했던 몽골제국의 강력한 군사력에서 찾는다. 그런데 인류사를 살펴보면 칭기즈칸 못지않게 뛰어난 지도자들도 적지 않다. 스키타이나 흉노 등의 기마민족 역시 몽골인 못지않게 신묘한 기마 궁술을 자랑하는 무적의 기병 전사였다. 그런데 어떻게 유독 몽골제국만이 유라시아 전역을 아우르는 세계 제국을 세우며 역사와 지도를 뒤바꿀 수 있었을까?

북방의 스텝이
몽골인의 땅이 되기까지

몽골은 몽골인의 땅이다. 오늘날 우리에게는 당연한 말이지만, 그 역사는 생각보다 길지 않다. 몽골의 스텝을 질주하며 동서 문명 교류를 주관했던 흉노, 돌궐 등의 기마 유목민들은 사실 몽골인과는 계통이 다르다. 돌궐은 그 명칭이 시사하듯 튀르크계이고, 흉노 역시 여러 논의가 있지만 일반적으로는 튀르크계로 알려져 있다. 몽골인은 본래 만주 북부의 다싱안링산맥 일대에서 수렵 채집하며 살던 민족으로, 9세기에 위구르 제국이 멸망하면서 무주공산이

된 몽골 땅으로 이주한 뒤 기마 유목민으로 변모했다.

유목 생활을 시작한 몽골인은 식량을 생산하며 생겨난 잉여생산물을 바탕으로 문명을 일구어갔다. 시간이 흐르면서 몽골인들은 오복obog 이라는 공동체 그리고 여러 오복을 합한 울루스ulus 를 세우며 한층 체계적인 사회를 만들어갔다.[*]

하지만 12세기까지 몽골인들은 통일 왕조나 국가 체제 등을 이룩하지 못한 채 분열이 되었다. 유목 생활을 시작한 지 얼마 되지 않아 체계적인 왕조나 국가 등이 성숙하지 못한 까닭도 있었고, 1115~1139년과 1180~1190년에 몽골 스텝 지대에 닥쳐온 극심한 가뭄으로 인해 식량이 부족해지고 줄어든 목초지를 둘러싼 쟁탈전으로 분열을 겪었기 때문이다.[70] 더욱이 중국 북부를 장악한 여진계 왕조인 금金 나라는 기마술에 능한 몽골인들이 자신들에게 위협이 된다는 명분 아래, 주기적으로 몽골에 침공하여 몽골인 장정들을 조직적으로 학살하는 감정정책減丁政策 을 자행하는 등 몽골인들을 극심하게 탄압했다.[71]

내우외환으로 분열과 혼란을 거듭하는 몽골에서 보르지긴 오복의 지도자 가문 출신인 테무친鐵木眞 은 오복이 몰락하는 바람에

....

* 　과거에는 오복을 씨족, 울루스를 부족과 동일시하는 경향이 있었지만, 일반적인 씨족, 부족 개념과 달리 몽골의 오복과 울루스는 혈연관계로 세습되는 지배계급 외에 혈연관계가 없는 피지배층까지 아우른다는 특성이 있다. 그래서 오늘날에는 씨족이나 부족과는 차별화되는 몽골 고유의 인간 집단 단위로 여기는 추세이다. 김호동, 2010, 《몽골제국과 세계사의 탄생》, 돌베개, 84-86쪽.

어린 시절부터 떠돌이 신세로 전락했다. 뛰어난 카리스마와 군사적 재능을 지녔던 테무친은 보르지긴 오복의 재흥을 위해 백방으로 노력했지만, 몽골 스텝 지대의 분열과 취약한 배경으로 인해 몇 번이나 고배를 마셨다. 그러던 중 금나라의 하수인 노릇을 하던 몽골 인근의 또 다른 기마 유목민 집단인 타타르가 1196년 금나라에 불만을 품고 대대적인 반란을 일으켰다. 테무친은 타타르의 반란을 진압하는 데 참여하여 큰 공을 세웠고, 그로 인해 금 조정으로부터 자우트-코리(백부장)로 책봉될 수 있었다.

이를 계기로 테무친은 몽골의 유력자로 올라서며 분열된 몽골 땅을 통일해갔다. 자무카Jamukha ** 등 정적과의 사투를 거치며 몇 번이나 죽을 고비까지 넘긴 테무친은 마침내 1206년 예케 몽골 울루스, 즉 대몽골국을 세워 몽골을 통일했다. 이때부터 몽골 땅은 온전한 몽골인의 땅으로 자리 잡게 되었다. 유라시아의 역사와 지리를 크게 뒤바꾸어놓은 몽골제국의 출발이었다. 그리고 몽골 통일의 영웅 테무친은, 전 세계의 군주라는 뜻을 가진 칭기즈칸 Chingiz Khan, 成吉思汗 이라는 영예로운 칭호를 얻는다.

....

** 자무카는 칭기즈칸이 젊은 시절 의형제까지 맺었던 친구이자 최측근 심복이었지만, 몽골의 통일이 가까워 오면서 몽골의 패권을 둘러싸고 결국 정적으로 돌아서고 말았다.

빗물을 머금고
무적의 기마 군단으로

갖은 고생을 다 해가며 몽골을 통일한 칭기즈칸의 앞에는 어떤 운명이 기다리고 있었을까? 결코 녹록한 여건은 아니었다. 금나라는 여전히 중원과 만주를 호령하는 대제국이었고, 실크로드 서쪽에는 호라즘이라는 이슬람계 정복 왕조가 떠오르고 있었다.

그런데 때마침 동아시아에서는 13세기 초반에 접어들면서 태양의 활동 약화로 기온이 낮아졌다. 이는 금나라에는 중대한 타격을 주었지만, 몽골에는 오히려 축복을 가져다주었다. 기온이 낮아지며 몽골 스텝에는 유사 이래 가장 많은 비가 내렸기 때문이다. 하버드대학교의 닐 페더슨 연구원 등은 시베리아잣나무 나이테를 분석하여 몽골의 기후 변화사를 연구했는데, 이 무렵의 몽골은 스텝 지대에 범람이 일어날 정도로 비가 많이 내린 우기pluvial*였다고 표현했다. 비가 많이 내린 덕분에 척박한 몽골의 스텝 지대에는 유례없을 정도로 풀이 무성하게 자라났고, 심지어 고비사막 등의 오아시스까지 초원으로 바뀌었다.

몽골 스텝의 초원이 몰라볼 정도로 무성해지면서 몽골인의 생

....

*　영단어 'pluvial'은 비가 많이 내린다는 정도를 넘어 하천 등이 범람한다는 의미가 있다. 한마디로 이 시기에는 몽골 스텝이 범람한다는 표현을 쓸 정도로 비가 많이 내렸다는 뜻이다. Pederson, N., et al. 2014. Pluvials, droughts, the Mongol Empire, and modern Mongolia. *Proceedings of the National Academy of Sciences*, 111(12), p. 4376–4377.

명줄이자 비장의 무기였던 말은 눈에 띄게 튼튼해졌을 뿐만 아니라 개체 수도 크게 늘어났다. 그 덕분에 몽골의 인구 또한 증가했다. 갓 통일을 이룬 몽골의 경제력과 군사력은 비약적으로 향상되어갔다. 강인한 군마가 예전보다 훨씬 풍족하게 공급되었을 뿐만 아니라 강건한 장정들의 수까지 늘어나면서 원래부터 기마술과 기병 전투의 달인이었던 몽골인들은 무적의 기마 군단으로 거듭났다.

인구가 증가하고 경제력과 군사력까지 비약적으로 상승한 몽골은 몽골 땅을 통일한 데 그치지 않고 밖으로 팽창해나가기 시작했다. 몽골의 힘이 뻗어 나간 방향은 어디였을까? 크게 두 방향이었다. 한쪽은 몽골을 잔혹하게 핍박했던 금나라에 대한 보복이었다. 다른 한쪽은 유사 이래 유라시아 스텝의 기마 유목민이 활동하는 무대였던 실크로드 무역로였다. 때마침 이 두 지역은 중대한 취약점을 안고 있었다. 금나라는 한족의 왕조 송宋을 공격해 중국 북부를 정복했지만, 송을 완전히 멸망시키지는 못한 채 중국 남부에서 재건한 송 왕조인 남송南宋과 장기간 대치하며 국력을 소모하고 있었다. 게다가 감정정책과 같은 금나라의 강압적인 지배는 피지배 민족들의 저항을 불러왔다. 그런 마당에 한랭화로 인해 농업 생산력까지 악화되면서 금나라는 말 그대로 이중고, 삼중고의 위기에 처할 수밖에 없었다.

한편 실크로드 서쪽에서 새로 대두한 호라즘 제국은 겉으로는 대제국이었지만, 칭기즈칸의 지도력 아래 하나로 결속한 몽골제국과는 달리 갑작스럽게 확장한 영토를 효과적으로 다스리지 못해 내부 결속이 취약해진 상태였다.

1211년 금나라를 처음 침공한 칭기즈칸은 금나라에 핍박받던 거란족 등의 피지배민을 포섭해가며 1215년 금나라의 수도인 중도中都(오늘날의 베이징)를 점령했다. 금나라는 1234년까지 항전을 이어갔지만, 이미 몽골과 금나라의 역학관계는 뒤집혀 있었다. 몽골은 유라시아 북동부의 강자로 떠올랐다.

그런 와중에 1218년, 호라즘 제국과의 무역 협정을 체결하러 간 몽골제국의 사신단이 그들의 재물을 노린 호라즘의 지방 영주에게 살해당하는 사건이 일어났다. 호라즘의 술탄 무함마드 2세 Muhammad II는 이에 항의하기 위해 파견된 몽골제국의 또 다른 사신단마저 모욕을 준 뒤 살해했다. 칭기즈칸은 결국 금나라 정벌을 잠시 미룬 뒤 정예 병력을 이끌고 호라즘 제국을 침공한다. 무함마드 2세로부터 당한 모욕도 모욕이었지만, 호라즘에 실크로드의 무역로를 빼앗긴다면 몽골제국의 운명에는 큰 그림자가 드리울 수밖에 없었기 때문이다.

내부 결속력이 취약한 데다 이슬람 세계의 종주국 지위를 노리고 서쪽의 아라비아 방면에 전력을 집중했던 호라즘 제국은 동쪽에서 쳐들어온 몽골제국군의 전광석화 같은 기습과 기동전에 제대로 대처하지 못하며 연패를 거듭했다. 1220년 사실상 와해한 호라즘은 1231년 완전히 멸망했다.

몽골제국이
지구온난화를 늦추었다고?

몽골제국은 호라즘 원정을 계기로 세계 정복에 본격적으로 나서기 시작했다. 칭기즈칸이 1227년 사망했을 때, 몽골제국은 동쪽으로는 오늘날 러시아 연해주 일대에서 서쪽으로는 카스피해 동안까지 아우르는 유라시아의 대제국으로 거듭나 있었다. 하지만 몽골제국의 팽창은 거기서 그치지 않았다. 기후변화로 유례없이 커진 몽골의 힘은 몽골제국이 유라시아 전역으로 뻗어갈 힘을 실어주었다. 몽골 역사상 가장 많은 비를 뿌려 척박한 스텝이 범람하고 오아시스마저 초원으로 바뀌게 만든 몽골의 우기는 스키타이, 흉노, 훈, 돌궐 등 그들보다 앞서 유라시아 스텝을 주름잡으며 세계사와 세계지리를 바꾸어놓았던 기마 유목민 제국과도 비교할 수 없을 정도로 막강한 힘을 몽골제국에 선사했다.

칭기즈칸의 자손들인 오고타이 Ogotai, 차가타이 Chagatai, 바투 Batu, 귀위크 Güyük, 몽케 Möngke, 훌라구 Hulagu, 쿠빌라이 Khubilai 등은* 유라시아 각지로 원정을 지속했다. 그 결과 동아시아에서는 금나라에 이어 남송이 1279년 완전히 멸망했다. 동유럽 원정에

········

* 　오고타이, 귀위크, 몽케, 쿠빌라이는 칭기즈칸의 뒤를 이어 몽골제국의 대칸大汗, 즉 황제 자리를 이어간 직계 후계자들이다. 나머지 인물들은 몽골제국의 하위 울루스를 다스리거나 고위 장군직 등을 역임하며 몽골제국의 정복 전쟁을 지휘했다.

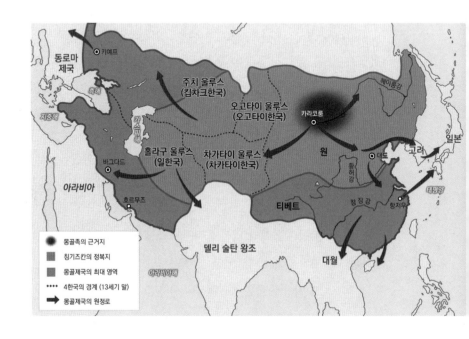

동로마
제국

키예프

주치 울루스
(킵차크한국)

흑해

지중해

카스피해

오고타이 울루스
(오고타이한국)

카리코룸

헤이룽강

일본

훌라구 울루스
(일한국)

차가타이 울루스
(차카타이한국)

원

대도

고려

아라비아

바그다드

황허
강

태평양

호르무즈

티베트

칭장강

항저우

델리 술탄 왕조

대월

아라비아해

● 몽골족의 근거지
■ 칭기즈칸의 정복지
■ 몽골제국의 최대 영역
•••• 4한국의 경계 (13세기 말)
➡ 몽골제국의 원정로

척박한 스텝을 범람케 하고 오아시스마저 초원으로 바꾼
13세기 몽골의 우기는 스키타이, 흉노, 훈, 돌궐 등 앞섰던
그 어떤 기마 유목민 제국과도 비교할 수 없을 만큼
막강한 힘을 몽골제국에 선사해 세계 정복까지 가능케 했다.

나선 바투는 1240년 한때 동로마제국에 버금간다고 일컬어질 정도로 번영했던 루스인(오늘날 러시아인, 우크라이나인, 벨라루스인의 공동 조상 격에 해당하는 중세 민족집단)의 국가 키예프 루스 공국을 정복했다. 동유럽 최강국이었던 헝가리와 폴란드의 연합군도 1241년 바투가 지휘하는 몽골제국군에게 참패했다. 같은 해 오고타이가 사망하는 바람에 이들은 나라를 보전했지만, 그의 후계자인 귀위크는 심지어 교황청에 몽골제국으로의 복속을 권고하는 사신을 보냈다. 이슬람 세계의 종가였던 아바스왕조도 1258년 몽골제국의 침입을 이기지 못한 채 멸망하고 말았다. 끝없이 이어질 것만 같았던 몽골제국의 세계 정복은 1260년 이집트의 맘루크왕조 술탄 바이바르스Baybars the Great가 예루살렘 인근의 아인잘루트에서 몽골제국군을 격파하면서 비로소 종식되었다.

2011년 뮌헨대학교 교수 폰그라츠Julia Pongratz 등이 발표한 연구에 따르면, 몽골제국의 세계 정복은 특히 당대 최고의 경제 대국이었던 남송의 인구와 농경·산업 활동을 급감하게 함으로써 지구 전체의 이산화탄소 농도를 0.1ppm가량 감소하게 만들었다.[72] 폰그라츠 교수 등은 이를 전근대 시대에 인구와 경작지가 대대적으로 감소한 사건 가운데 대기 중 이산화탄소 농도를 유의미하게 감소시킨 유일한 사례라고 설명한다. 물론 이는 산업혁명 이후의 인위적인 기후변화에 비할 정도는 아니므로 이를 바탕으로 몽골제국의 세계 정복이 지구온난화를 수 세기가량 늦췄다는 식의 확대해석을 해서는 곤란하다. 하지만 기후변화의 덕을 보며 세계 제국을 건설한 몽골제국은 심지어 지구 기후에까지 영향을 미쳤을 가능성도 있는 셈이다.*

유라시아를 동서로 잇는 대제국을 건설한 몽골인들은 제국 영토를 통한 무역을 장려하고 상인을 보호했다. 비록 피지배 민족집단을 몽골인보다 차별했지만, 그들의 종교와 문화를 받아들이며 제국 내에서 다양한 사상과 문화와 학문이 교류하며 발전할 여건 또한 마련했다. 이처럼 몽골제국의 지배 아래 유라시아가 오히려 번영하며 발전해간 13세기 중반부터 14세기 중반까지를 팍스 몽골리카라 부른다. 훗날 우즈베키스탄 동부에 수립된 이슬람 왕조 히바 칸국의 칸이자 역사학자로도 명성을 날린 아불 가지 바하두르Abu al-Ghazi Bahadur 는 팍스 몽골리카를 "황금 쟁반을 머리에 인 여인이 해 뜨는 땅에서 해지는 땅까지 아무런 위협도 받지 않고

....

* 일부 언론에서는 폰그라츠 등의 연구 결과를 근거로, 몽골제국의 세계 정복이 지구 온난화를 무려 200년가량 늦추었다는 기사를 발표했다. 하지만 해당 연구 논문에는 이러한 내용이 없으며, 몽골제국의 세계 정복에 따른 전 세계 이산화탄소 농도 감소량은 0.1ppm 이하로 극지의 빙하 코어에 영향을 미칠 정도가 아니었다고 밝히고 있다(대기 중 원소의 농도가 크게 변하면 극지 빙하 코어의 성분도 바뀌며, 이는 기후사 연구에 중요한 자료로 활용된다). 대기 중 이산화탄소 농도의 변화와 이에 따른 기후변화는 인구나 삼림·농지 면적뿐만 아니라 바다와 토양의 심층부가 흡수하는 탄소의 양, 태양 활동의 변화, 화산 분출 등으로 인한 다양한 요인의 영향을 받기 때문이다. 애초에 해당 연구는 몽골제국의 세계 정복, 흑사병의 대유행 등으로 인한 대규모 인구 감소와 농경지 유기에 따른 삼림 회복이 대기 중 이산화탄소 농도를 크게 줄였을 거라고 보는 여러 선행 연구를 비판적으로 재검토하고자 하는 목적도 있었다. Pongratz, J., Caldeira, K., Reick, C. H., and Claussen, M. 2011. Coupled climate-carbon simulations indicate minor global effects of wars and epidemics on atmospheric CO2 between AD 800 and 1850. *The Holocene*, 26(5), pp. 764-768.

안전하게 여행할 수 있었던 시대"라고 평할 정도였다.

몽골제국은 15세기 이후 몰락하기 시작했지만, 팍스 몽골리카 덕분에 서양과 동양은 이어졌고 서양인과 동양인은 유라시아 양쪽 끝에 있는 머나먼 땅을 분명하게 인식했다. 팍스 몽골리카 이후에는 그 이전과 달리 유럽의 지도에는 아시아가, 동아시아의 지도에는 유럽과 아프리카가 그려졌다. 비록 사실인지 아닌지 논란이 많은 책이었지만, 마르코 폴로가 《동방견문록》**을 발표하여 수많은 유럽인에게 금은보화가 가득한 아시아에 대한 동경을 품게 만들어 신항로 개척을 촉발한 것 역시 팍스 몽골리카가 있었기에 가능한 일이었다. 그런 점에서 팍스 몽골리카는 단순한 대제국의 등장을 넘어, 유라시아가 하나로 연결되고 나아가 신대륙의 발견을 통해 지구가 하나로 연결되게 한 세계사와 세계지리의 대전환이었다고 볼 수 있다. 그리고 이러한 대전환을 가져온 원동력은 몽골제국을 유라시아 스텝을 넘어 전 유라시아를 아우르는 세계제국으로 거듭날 힘을 마련해주었던 13세기 몽골의 우기였다.

········

** 《동방견문록》은 신항로 개척을 촉발하는 등 인류사의 발전에 지대한 영향을 주었지만, 사실에 맞지 않거나 누락된 정보, 사실과 모순되는 내용 등을 적지 않게 수록하고 있으므로 사료로서의 신빙성에 의문을 제기하는 연구자들도 많다. 김호동, 2010, 앞의 책, 178-181쪽.

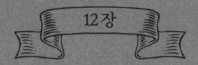

12장

소빙기가 무너뜨린
한족의 막강 화약 제국

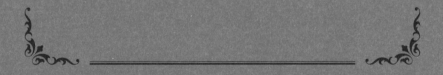

중국을 정복한 몽골제국, 즉 원나라를 북쪽의 몽골 땅으로 몰아낸 명明 왕조는 책봉 체제를 통해 동아시아를 명나라의 헤게모니가 주도하는 영역으로 재편했다. 책봉·조공 체제는 현대적인 관점에서는 언뜻 보면 중국 일변도의 불평등한 외교 관계처럼 보이지만, 실제로는 명나라가 주변국들로부터 자국 주도의 질서를 인정받는 대신 무역권 등 경제적 이익을 제공하는 호혜적인 측면이 있었다. 이 때문에 당대 동아시아 국가들은 명나라와의 책봉·조공 관계를 자청했고, 심지어 몽골계 오이라트는 15세기 중반 조공 확대를 요구하며 명나라를 침공할 정도였다. 조선의 사대교린 외교가 실제로는 문자 그대로의 '사대주의'가 아닌 자주성과 실리를 동시에 챙긴 외교라고 평가받는 까닭도 여기에 있다.

하지만 동아시아의 헤게모니를 장악한 명나라의 국운은 순탄치 않았다. 원나라가 북쪽으로 쫓겨간 뒤에도 북방의 몽골인과 여진족 등은 명나라 북쪽 국경을 계속해서 노략질했고, 이와 동시에 남부 해안 지대에는 왜구까지 준동했다. 북로남왜北虜南倭라 일컬어지는 외부로부터의 위협에 더해, 내부적으로는 지배층의 부정

부패가 심해진 데다 15세기 중후반부터 암군暗君 (어리석은 임금)이 연달아 즉위하는 등 내우외환이 이어졌다.

이러한 안팎의 어려움에도 불구하고, 명나라는 동아시아의 헤게모니를 놓치지는 않았다. 몽골족, 여진족, 왜구 등의 위협은 명나라에 적잖은 손해를 입혔지만, 명나라 중심의 동아시아 헤게모니를 크게 흔들거나 무너뜨리지는 못했다. 암군과 간신의 실정에도 불구하고 명나라의 경제 기반이 아주 탄탄하기도 했거니와, 대량의 화포로 무장한 동아시아 최강의 군대 또한 명나라를 굳건하게 받쳐주었다. 이 때문에 명나라는 오늘날의 역사학자들에게 화약 제국Gunpowder Empire 라는 별명으로 불리었다.

그런데 16세기 말~17세기 초에 이르러 동아시아 또한 유럽과 마찬가지로 소빙기에 접어들었다. 강대한 국력으로 내부적인 모순을 상쇄하며 동아시아의 종주국으로 군림해오던 명나라였지만, 소빙기가 불러온 식량난과 민심의 이반은 화약 제국의 힘으로도 감당하기 어려운 전무후무한 재난이었다. 얄궂게도 당시 소빙기가 여진족, 그중에서도 건주여진의 근거지였던 랴오둥반도 일대를 비껴가다시피 하면서 동아시아 정세는 말 그대로 격동기로 접어들게 되었다.

소빙기가 흉작 대신
오히려 풍작을 가져다준 땅

15~16세기 일본에서 100년 넘게 이어진 전국시대戰國時代의 분열을 수습한 도요토미 히데요시豊臣秀吉가 명나라 중심의 동아시아 질서에 도전하면서 일어난 임진왜란은 조·명 연합군의 승리로 끝났다. 조선과 중국, 심지어 인도까지 '진출'하겠다는 도요토미의 야심은 결국 실패했고, 중국에서 암군으로 악명 높은 만력제萬曆帝는 조선에서는 위기에 처한 나라를 구해준 은인으로 칭송받았다. 그렇다면 승전국 명나라는 동아시아의 태평성대를 이어갔을까? 그 답은 '아니다'이다. 조선은 물론 한반도에서 '천자국'의 위엄을 뽐낸 명나라였지만 전쟁에서 이긴 뒤에는 오히려 국력이 쇠퇴했다.

임진왜란이 일어나기 직전인 16세기 후반부터 동아시아에는 소빙기가 시작되었다. 소빙기의 연평균 기온 감소의 지구 평균치는 0.3~0.4도 정도였다. 그런데 당시 동아시아 소빙기는 평균 기온이 무려 1도 가까이 떨어질 정도로 심했다.[73] 게다가 1580~1660년까지는 장마전선을 형성하는 원동력인 동아시아 하계 계절풍이 약해지면서 장맛비가 줄어드는 바람에 중국 중북부, 한반도, 몽골 등지에 극심한 가뭄까지 들었다.[74] 조선과 명나라는 대규모 전쟁에 이어 기근까지 들이닥쳐 식량이 부족해졌고, 이를 보충하기 위해 곡물 교역 규모를 크게 확대해야 했다.[75]

그런데 랴오둥반도와 압록강 유역 등지는 중국 북부나 몽골 등지에 비해 소빙기의 피해를 비교적 덜 입었다. 바다에 인접한 덕분에 내륙 지대인 중국 중북부나 몽골보다 기온 하락 폭이 비교적 작았고, 가뭄 또한 내륙 지대만큼 극심하지 않았기 때문이다. 기온이 떨어지기는 했으나 그 정도가 중국 중북부, 몽골 스텝 등지에 비해 미미했고, 소빙기가 불러온 강수량의 감소는 오히려 이들 지역의 골칫거리였던 장마철 홍수 피해를 줄여주었다. 그 덕분에 명나라의 곡창 지대라 할 수 있는 황허강 유역의 농경지 그리고 몽골의 스텝 지대가 한랭화로 초토화되었던 것과는 달리, 랴오둥반도와 압록강 유역은 오히려 다양한 곡물을 재배하며 번창할 수 있었다.[76]

이 무렵 랴오둥반도 동단에서 압록강 북안 일대에 이르는 지역은 명나라가 여진족을 간접 지배하기 위해 세운 건주위建州衛 에 속했다. 소빙기가 흉작과 기근 대신 오히려 풍작을 가져다준 땅에 살았던 건주여진은 명나라가 임진왜란에 이은 소빙기로 쇠퇴하는 동안 경제적으로 풍요로워지고 인구도 늘어나 큰 세력을 키웠다. 건주여진의 지도자 아이신기오로 누르하치愛新覺羅努爾哈赤 는 소빙기가 불러온 절호의 기회를 놓치지 않았다. 누르하치는 명나라의 건주여진에 대한 통제가 임진왜란, 그리고 소빙기로 인한 국력 저하 등으로 인해 느슨해진 틈을 타, 만주 중부의 쑹화강松花江이 흐르는 오늘날 헤이룽장성 일대에 살던 해서여진海西女眞 * 그리고 그

....

*   쑹화강 중류를 명대에는 해서海西 라 불렀던 데서 붙여진 명칭이다.

북쪽 너머에 살던 야인여진野人女眞*을 통합한 뒤, 1616년 금나라의 후예라는 뜻을 가진 후금後金을 세웠다.

만주를 통일한 누르하치는 명나라 정벌에 나섰다. 1619년에 일어난 사르후薩爾滸(오늘날 중국 랴오닝성 푸순시) 전투에서 후금군은 명군을 섬멸한 뒤 랴오둥반도를 장악했다. 사르후 전투는 동아시아의 세력 균형을 크게 흔들어놓았다. 명나라의 도읍 순천부順天府(오늘날 베이징)에서 동쪽으로 500~600킬로미터 떨어진 랴오둥반도는 명나라의 대여진 전략 및 수도 방어에 있어 중추와도 같은 땅이었다. 명나라가 건국 초부터 요동도사遼東都司, 요동총병관遼東摠兵官 등의 기구와 직책을 설치한 까닭도 랴오둥반도의 지정학적이고 군사지리적인 중요성이 막중했기 때문이다. 게다가 랴오둥반도는 동아시아에서 17세기 소빙기에 쇠퇴하는 대신 발전의 전기를 맞은 몇 안 되는 땅이었다. 즉, 후금은 사르후 전투를 통해 명나라를 상대로 전략적·전술적 우위는 물론 경제적 우위에 있는 요지 중의 요지를 확보했던 셈이다.

....

* 　명나라와 거리가 멀어 명나라의 간접 지배를 받지 않아 붙여진 명칭이다.

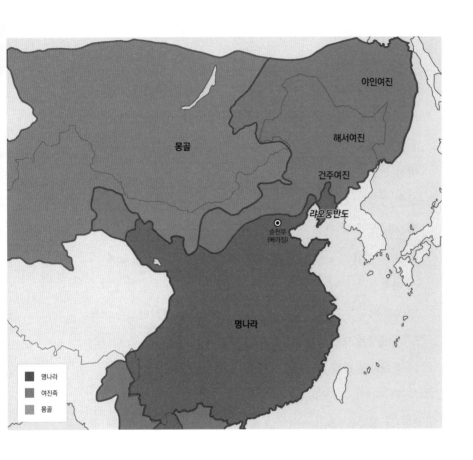

건주여진은 근거지의 지리적 위치 덕분에
16세기 말부터 본격화된 동아시아의 한랭화가 불러온
흉작과 기근을 피할 수 있었고, 경제적 풍요와 인구 증가를
바탕으로 후금을 세워 쇠락하는 명나라를 위협했다.

동아시아 최강 화약제국이
민란에 무너진 이유

명나라는 쇠퇴했지만, 여전히 후금에 만만찮은 상대였다. 1626년 누르하치는 명나라를 완전히 무력화하기 위해 명나라의 방어 거점인 영원성寧遠城 (오늘날 중국 랴오닝성 싱청시)을 공격했다. 하지만 명장 원숭환袁崇煥 이 지휘하는 명군의 반격으로 누르하치는 영원성을 점령하는 데 실패하고, 같은 해 세상을 떠났다. 이듬해에 후계자로 훗날 청 태종 시호를 받게 되는 홍타이지皇太極 가 실시한 두 번째 영원성 공략 역시 실패로 끝났다. 이미 명나라는 눈에 띄게 쇠했지만, 화약 제국 명나라의 주력군은 여전히 후금의 철갑기병에게 뒤지지 않을 정도로 정강했다. 이 때문에 홍타이지는 명군을 와해시켜 명나라를 흡수한다는 애초의 계획을 수정해 명나라와 최대한 유리한 조건에서 화평을 맺는다는 방침을 세웠다.

홍타이지는 몽골과 조선을 흡수하거나 굴복시켜 명나라를 고립시키는 전략을 세웠다. 1635년 홍타이지는 칭기즈칸의 후손인 에제이 칸Ejei Khan 의 항복을 받아 몽골을 흡수했고, 이로써 몽골제국의 명맥은 완전히 끊겼다. 1636년에는 국호를 청淸 으로 바꾸고 명나라의 강력한 동맹국 조선을 침공했고(병자호란), 이듬해 결국 조선으로 하여금 명나라와의 관계를 끊고 청나라의 책봉을 받을 것을 강요하는 데 성공했다.

그럼에도 홍타이지는, 몽골제국이 남송을 상대로 그랬듯, 명나라를 대대적으로 침공하지는 못했다. 사르후 전투의 패배로 인해 전선을 물렸다고는 하나, 명나라는 여전히 강국이었고 화포로 무장한 정예군도 굳건했다. 그리고 극도로 어려운 상황 속에서 즉위한 숭정제崇禎帝는 비록 실책을 저지르기도 했지만, 쇠약해진 명나라를 되살리기 위해 검소한 생활을 하면서 여러 개혁을 추진했다. 청나라에게 문제는 이뿐만이 아니었다. 몽골을 흡수하는 등 세력을 키우고 영토와 인구가 늘어나면서 청나라도 이제는 소빙기가 불러온 기근에 시달릴 수밖에 없었다.[77]

하지만 명나라에서는 내부의 문제가 끝내 폭발해버렸다. 이자성李自成의 난이 일어난 것이다. 소빙기로 인해 흉년과 기근이 계속된 탓에 명나라 백성들의 삶은 갈수록 피폐해졌다. 1636~1640년에는 무려 5년 내내 극심한 기근에 시달렸기 때문에 명나라 각지에서는 굶어 죽거나 병에 걸려 죽은 사람이 속출함은 물론 도적 떼가 횡행하고 심지어 인육이 공공연하게 거래되었다.[78] 결국 명나라에서는 17세기 이후 민란이 이어졌다. 민란의 근본적인 원인을 해결할 수 없었던 명나라는 1630년대에 이미 영토의 상당 부분을 민란 세력에게 빼앗겼다. 이 과정에서 두각을 나타낸 인물이 바로 이자성이었다.

세력을 키운 이자성은 1643년 신순왕新順王을 자칭하더니, 1644년에는 장안(오늘날 중국 시안시)을 점령하고는 스스로 세운 나라 대순大順의 황제 자리에 올랐다. 이자성은 같은 해 3월 순천부를 공략했다. 청군과 대치 중이었던 명나라는 반란 진압을 위한 병력을 차출하지 못한 채 반란군에 속수무책으로 당했고, 1644년 4월 숭정제가 자살한 뒤 순천부를 대순에 빼앗기면서 결국 멸망했다. 동아시아의 헤게모니를 주도한 당대 최강의 화약 제국 명나라는 청나라의 정예군이 아닌 국내의 농민 반란군에게 나라를 잃고 말았다. 소빙기가 불러온 흉년과 기근은 청나라의 정예 철갑기병보다도 훨씬 무섭고 파괴적이었던 셈이다.

이자성의 난은 청나라에는 둘도 없는 절호의 기회였다. 이자성이 명나라를 내부에서부터 무너지게 만들었으니, 청나라는 여전히 상대하기 버거운 명군과의 격전을 이어갈 부담을 완전히 덜어낼 수 있었다. 게다가 이자성의 대순은 본래 민란 집단이다 보니 나라를 다스리고 청과의 전쟁을 이어갈 역량이 부족했다. 실제로 대청 전선에 배치된 명군 주력의 대다수는 대순을 인정하지 않았다. 게다가 청나라는 '역적' 이자성과 대순을 토벌할 확고한 구실까지 확보했다.

청 세조 순치제順治帝의 섭정 도르곤多爾袞은 대순에 동조하지 않은 명군 전력까지 포섭한 뒤 1644년 6월 순천부를 점령했다. 도주한 이자성은 1645년 병사했고, 대순은 고작 1년도 버티지 못하고 멸망했다. '역적'을 토벌한 뒤 숭정제의 장례까지 성대하게 치른 청나라는 중국의 통일 왕조로 자리매김했다. 이후 청나라는 중앙아시아 방면으로 적극적인 팽창 정책을 펼쳐 명나라 영토의 두 배에 가깝고 오늘날 중국 영토보다도 훨씬 넓은 대제국을 건설한다.

반은 농민, 반은 유목민이었던 만주의 여진족이 이처럼 거대한 제국을 건설할 수 있었던 원동력 중 하나는 동아시아를 덮친 소빙기였다. 한랭한 기후가 불러온 기근으로 중국을 초토화한 반면 랴오둥반도와 만주 남부는 도리어 풍요롭게 만들어주었던 소빙기의 기후변화가 아니었다면 청나라라는 대제국을 이룩하기 힘들었을 것이다. 비록 청나라는 20세기 초반에 멸망하고 만주족도 오늘날에는 중국의 소수민족으로 전락했지만, 광대한 영토를 점령한 청나라의 강역은 오늘날 중국 국토의 직접적인 토대가 되었다.

장마전선, 조선에 경신대기근을 몰고 오다

청나라가 건국된 뒤에도 동아시아의 소빙기는 이어졌다. 이자성의 난까지 겪은 중국은 물론, 일본에서도 17세기 중반에 대기근이 이어져 굶어 죽는 사람만 10만 명에 달하는 비극이 벌어졌다. 조선 역시 임진왜란이 끝난 뒤인 17세기 초중반에 여러 차례 기근을 겪었다. 조선에 닥친 기근은 매우 심했다.[79] 여름철 장마전선이 한반도에서 정체되는 현상이 나타나 가뜩이나 많은 장마철 강수량이 감당하기 힘들 정도로 늘어났고, 여름철 일조량은 평년보다 크게 떨어졌기 때문이다.[80]

이러한 현상은 1660년대에 접어들면서 수십 년 넘게 위축됐던 동아시아 하계 계절풍 세력이 인도 계절풍 약화에 따른 대기와 해수 순환의 변화로 인해 다시금 강해지기 시작한 것과 관계 깊다. 소빙기 동안, 동아시아 하계 계절풍이 약해진 시기에는 명나라에 가뭄이 발생했고, 동아시아 하계 계절풍 세력이 다시 회복된 시기에는 조선이 극심한 기근을 겪은 것이다. 장마전선의 정체로 빚어진 수해와 냉해는 조선의 농업에 치명타를 입혔다.

현종顯宗 재위기였던 1670년 경술년庚戌年 과 1671년 신해년辛亥年에는 임진왜란, 병자호란보다도 더 참혹했다고 회자되는 한반도 역사상 최악의 기근인 경신대기근庚辛大飢饉이 일어났다. 1670년에는 봄부터 초가을까지 우박과 서리가 내렸고, 봄에는 극심한 가뭄이 닥치더니 여름에는 너무 많은 비가 왔고 초가을인 음력 7월에는 눈까지 내렸다.[81] 대흉작은 당연한 결과였고, 이상기후 속에서 전염병까지 번져갔다. 이에 조정은 도성에 질병 치료소인 활인서活人署를 설치해 전염병에 걸린 환자를 치료하고 끼니를 거르는 백성에게 죽을 제공하는 진휼소賑恤所를 세우는 등 대기근에 대한 대책을 마련했다. 농사를 망친 1670년 겨울부터 이듬해 봄에 이르는 춘궁기의 고난을 줄이기 위해 곡물을 빌려주고 추수할 때 갚도록 하는 환곡還穀 또한 대대적으로 실시했다.

하지만 경신대기근으로 인한 기아와 전염병의 규모는 이러한 노력으로도 감당하기 어려웠다. 활인서가 되레 전염병 유행의 진원지가 되는가 하면, 농사짓는 데 필수적인 소까지 전염병에 걸려 대량으로 폐사하는 바람에 조선의 농업 생산력은 더욱 심하게 떨어졌다. 1670년 겨울을 지나면서 조선은 글자 그대로 생지옥으로 변했다. 양반과 왕족마저 길거리에 나와서 구걸을 할 정도로 상황이 악화되고, 급기야 굶어 죽거나 병들어 죽은 사람들의 시신이 길거리에 방치된 채 부패해가는, 전쟁통에서도 보기 힘든 극심한 참상이 일어났다. 조선군 최정예 부대인 훈련도감 소속 군인들이 떼강도 행각을 벌이는가 하면, 굶주림을 못 이긴 어느 여성 노비가 어린 자녀를 삶아 먹은 직후 숨을 거두는 끔찍한 일까지 벌어질 정도였다. 경신대기근으로 인해 조선 인구의 최대 14퍼센트에 달하는 100만~140만 명이 굶주림과 전염병으로 목숨을 잃었다.[82] 그나마 1671년 말부터 이상저온 현상이 어느 정도 누그러지면서 조선은 참혹했던 대기근에서 벗어날 수 있었다.

소빙기의 대기근으로 무너진 명나라와 달리 조선은 그 뒤로도 체제를 유지했다. 청나라와 일본이 대기근 속에서 내부 체제 정비에 주력한 덕에 조선은 외세의 위협에 시달리지 않았다. 대기근을 극복하기 위한 조선 조정과 관리들의 대책 마련과 노력 역시 조선의 사회와 체제를 유지하는 데 이바지했다.[83]

경신대기근은 이후 조선 사회에 적지 않은 영향을 남겼다. 기근에 대한 대책을 마련하는 과정에서 조선 조정이 바닥난 재정을 충당하기 위해 대량의 화폐를 주조했고, 그로 인해 현물과 물물교환의 비중이 컸던 조선의 경제는 화폐경제로 변모해갔다.[84] 특히 복지 혜택의 사각지대에 있던 노비 계층에서 막대한 사망자가 나오고, 화폐경제의 발달 덕분에 상공업에 종사하는 상민 계층의 경제력이 커지면서 엄격한 신분제에도 동요가 일어났다. 한랭해진 기후로 인해 조선의 주요 수출품인 함경도 산삼이 대량으로 말라 죽어 인삼 재배가 본격화되었고, 한편으로 방한복의 필요성도 늘어나면서 모피와 산삼을 구하기 위해 조선인들이 압록강과 두만강을 넘어 간도와 만주에 진출했다.

경신대기근을 비롯한 17세기 소빙기의 기근은 당장 조선을 멸망시키지 않았다. 하지만 중세 말 유럽을 뒤흔든 흑사병이 서양 중세를 종식시킨 것처럼, 17세기 소빙기가 불러온 대기근은 조선을 점점 변화시키며 한반도를 새로운 사회, 새로운 시대로 인도했다.

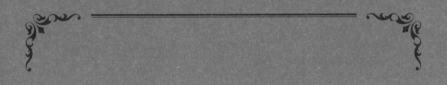

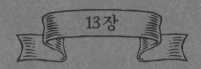

싸우는 유럽,
신대륙으로 떠나는 유럽인

14세기 흑사병이 대유행한 이후 유럽에서도 소빙기가 이어졌다. 중간중간에 기후 변동이 있었지만, 중세 말부터 19세기까지 유럽의 기온은 확실히 낮았다.[85] 중세에 500년에 걸친 온난기가 이어졌다면, 중세의 끝자락부터는 소빙기라는 또 다른 500년이 펼쳐진 셈이었다.

중세 말부터 시작된 소빙기에는 서로마제국 멸망 후의 서유럽과는 달리 분열과 혼란이 계속되지 않았다. 중세의 황혼과 더불어 시작된 르네상스는 유럽의 문화와 학문 수준을 획기적으로 끌어올렸고, 유럽은 봉건제를 벗어나 국민국가가 지배하는 땅으로 변모해갔다. 근대 유럽에서 일어난 과학혁명과 산업혁명, 계몽주의와 시민혁명은 인류의 삶과 문명에 획기적인 발전을 가져다주었다. 하지만 소빙기가 민중의 삶은 물론 국가의 재정까지도 팍팍하게 만들었음은 부인하기 어렵다.

농업 생산성이 악화한 유럽에서는 식량과 자원, 땅을 얻기 위한 전쟁이 한층 치열해졌다. 그런 한편으로 수많은 유럽인은 유럽을 벗어나 더욱 살기 좋은 땅을 찾기 위해 배에 몸을 싣고 해외로, 신대륙으로 향했다. 그 결과 유럽은 물론 전 세계의 지도와 지정학적 질서는 완전히 뒤바뀌었다.

확장하는 빙하와 빈곤해진 유럽

북대서양 진동의 변동과 이에 따른 대기·해양 순환의 변화는 중세가 막을 내린 뒤에도 계속되었다. 이에 태양 활동의 감소와 화산 분출의 증가까지 더해지면서 15세기 이후 유럽의 기온은 계속해서 낮아졌다. 소빙기가 절정에 달했던 17세기 유럽의 연평균 기온은 소빙기 전과 비교하면 무려 1도나 떨어졌고, 18세기부터 조금씩 기온이 오르기 시작했지만 유럽의 소빙기는 19세기 중반까지 이어졌다.[86]

평균 기온이 낮아져 그린란드와 북극해의 빙상은 물론 알프스산맥 등 유럽의 고산지대에 분포하는 빙하 역시 눈에 띄게 규모가 커졌다. 소빙기가 닥친 유럽은 날씨가 추워졌을 뿐만 아니라 이상기후와 자연재해의 발생 빈도 또한 현저하게 증가했다. 유럽 각지에서는 폭풍, 폭설, 가뭄 등이 늘어났고, 한여름에 눈이 내리는 일도 여러 차례 일어났다. 하천과 운하가 때 이르게 얼어붙어 선박의 운항이 불가능해지는 바람에 물류와 무역에 큰 차질이 빚어졌다.

소빙기의 이상기후는 굵직굵직한 역사적 사건에도 중대한 영향을 미쳤다. 예를 들어 1588년 에스파냐는 무적함대를 동원해 영국을 침공하려다 실패하는데, 그 주된 원인은 소빙기로 생겨난 폭풍 때문이었다. 해적 출신의 드레이크Francis Drake 등이 지휘하는 영국 해군의 선전도 결코 무시하기 어려웠지만, 에스파냐가 영국 침공을 완전히 단념할 수밖에 없었던 까닭은 영국 해군과의 해전 직후 부대를 재편성하던 무적함대가 폭풍으로 치명타를 입었기 때문이다.[87]

소빙기의 기후변화는 전근대 유럽 경제의 기반이었던 농업에도 중대한 타격을 주었다. 날씨가 추워지니 서리와 눈이 오랫동안 내리면서 농사를 지을 수 있는 기간이 크게 줄었다. 서리가 내리면 농작물이 죽기 때문에 온실이나 비닐하우스 등이 없으면 무상일수無霜日數, 즉 서리가 내리지 않는 기간에만 농사를 지을 수 있다. 일례로 17세기 영국에서 농사를 지을 수 있는 기간은 중세 온난기였던 13세기에 비해 무려 5주나 짧았다.[88] 게다가 자연재해까지 잦아지면서 농사를 망치거나 농토가 황폐해지는 일이 늘어났다. 아울러 축산업에도 타격을 받았다. 날씨가 추워지자 가축의 사료로 쓸 풀, 건초 등의 생산량이 줄어든 데다 가축의 생장에도 악영향을 미쳐 육류나 우유, 유제품 등의 생산성도 떨어졌다. 유럽의 식량 사정은 당연히 나빠질 수밖에 없었다.

전염병의 대유행 역시 소빙기의 유럽을 비껴가지 않았다. 추워진 날씨와 이로 인한 식량 사정 악화는 유럽인들의 영양 상태를 해치며 면역력을 떨어뜨렸다. 14세기 중반에 전 유럽 인구의

30~60퍼센트를 죽음으로 몰고 간 흑사병은 그 뒤로도 여러 차례에 걸쳐 유럽 각지에서 유행하며 많은 사람의 목숨을 앗아갔다. 흑사병뿐만 아니라 콜레라, 장티푸스, 천연두, 이질 등의 다른 치명적인 전염병도 유럽 각지에서 유행하며 많은 사람을 죽음의 구렁텅이로 몰아넣었다.

유럽의 지배층은 그리스도교의 색채가 짙은 엄숙하고 금욕적인 중세 문화에서 벗어나 찬란하고 화려한 르네상스 문화와 예술을 누렸다. 반면 굶주림과 질병, 빈곤에 시달린 유럽 민중의 생활 수준은 온난습윤했던 중세보다 되레 퇴보한 측면도 컸다. 영국의 농학자 아서 영 Arthur Young 은 18세기 프랑스 남서부의 부유한 농촌을 방문한 뒤 그곳을 '거의 모든 주민이 신발을 구하지 못해 사시사철 맨발로 다니며 농부들은 기본적인 보호 장비 하나 걸치지 못한 채 맨몸으로 중노동을 해야 할 정도로 극심한 빈곤에 시달리고 있는 장소'로 묘사했다.[89] 당대 유럽 최강국이었고 대도시에서는 지식인과 귀족들이 화려한 살롱 문화를 꽃피우며 계몽사상을 논하던 18세기 프랑스에서, 그것도 부농의 삶이 이 지경이었으니 민중의 삶이 얼마나 비참했는지 짐작이 갈 것이다.

소빙기가 불러온 참혹한 사회가 빚어낸 부조리함의 극치는 바로 마녀사냥이었다. 암흑시대의 상징처럼 알려진 마녀사냥은 실제로 중세 유럽에서는 생각만큼 많이 일어나지 않았다. 교회나 군주, 영주 입장에서 무리한 마녀사냥은 민중의 반발만 불러올 '긁어 부스럼'이었다. 하지만 교회의 권위가 약해진 데다 사회적 혼란이 심해지면서 광기에 휩싸인 소빙기의 유럽인들은 유대인이나 집시 등 유럽 사회의 '소수자'는 물론, 애먼 사람들까지 이상기후와 기근, 전염병을 불러온 '마녀'로 몰아 조리돌림하고 구타한 뒤 죽이는 만행을 일삼았다.[90] 17세기에 극에 달했던 마녀사냥은 18세기 후반에 이르러서야 유럽에서 그 자취를 감추었다.

전쟁을 피해 유럽 밖으로 향하는 사람들

부농, 자영농조차 절대빈곤에 시달리며 그 고통을 '마녀'에게 풀어야 했던 소빙기 유럽의 참상은 세련된 궁정 문화와 절대왕정의 권력을 누리던 각국의 군주와 지배층에게도 중대한 위기로 다가왔다. 아무리 공권력을 동원해 민중을 쥐어짠들 농업 생산력 자체가 나빠진 데다 기근과 전염병으로 인해 인구마저 증가하지 않으니 세수가 줄어듦은 물론 병력 확보에도 비상이 걸렸기 때문이다.

유럽 각국은 이러한 위기에 어떻게 대처했을까? 농업기술의 혁신을 꾀하기도 했지만, 전근대 농업기술의 발전에는 뚜렷한 한계가 있었다. 각국의 지도층이 소빙기의 위기에 대처한 주된 방식은 식량과 돈을 얻기 위한 장거리 해상무역 그리고 새로운 땅을 얻기 위한 전쟁이었다.

소빙기가 닥친 유럽에서는 전쟁의 횟수가 증가하고 그 규모도 커졌다. 소빙기가 절정에 달한 17세기에는 전쟁 역시 절정에 달했다. 이를 단적으로 보여주는 사례가 30년 전쟁(1618~1648년)이다. 신성로마제국의 지배 아래 있었던 독일, 보헤미아의 가톨릭 세력과 개신교 세력 사이에 일어난 이 종교전쟁은 프랑스, 에스파냐, 스웨덴, 네덜란드, 덴마크 등 유럽 각국이 개입한 국제전으로 번지며 무려 30년이 넘게 이어졌다. 유럽 각국은 겉으로야 종교적 신념을 지킨다는 명분을 내걸었지만, 실제로는 소빙기라는 기후위기 속에서 더 넓은 땅을 확보하고 더 많은 재원을 마련하려는 의도가 컸다. 30년 전쟁이 끝난 뒤에도 유럽에서는 땅과 권력을 둘러싸고 왕실과 국가 간의 전쟁이 계속해서 이어졌다. 전쟁통에 수많은 사람이 목숨을 잃었고, 그보다 훨씬 더 많은 유럽의 농민, 민중의 삶은 기근과 전염병에 전란까지 겹치면서 계속해서 나락으로 떨어졌다. 그런 한편으로 유럽의 군주들은 잇따른 전쟁을 치르면서 중세 봉건 군주들보다 훨씬 강하고 체계적인 권력과 군사력을 손에 넣었고, 이를 바탕으로 절대왕정을 구축해갔다.

힘겨웠던 소빙기를 견뎌내기 위해 유럽 각국은 해상무역에도 많은 투자를 했다. 농업 생산성이 떨어지니 상공업을 통해서 번 돈으로 재원을 충당하고 식량을 사들여야 했기 때문이다. 기후재난에 지칠 대로 지친 민중도 새로운 땅을 찾아 배에 몸을 실었다. 그 결과 유럽의 항구도시는 오히려 소빙기에 발전할 수 있었다.[91] 아울러 16세기 이후 유럽인들은 새로 개척한 뱃길을 따라 신대륙으로 향하기 시작했다. 16세기 초반 에스파냐인들이 아스테카와 잉카 문명을 무너뜨리고 멕시코에서 남아메리카에 이르는 광대한 누에바 에스파냐Nueva España ('새로운 에스파냐'라는 뜻) 식민지를 건설했고, 그다음 세기에는 영국인과 프랑스인이 북아메리카에 광대한 식민지를 세웠다. 이렇듯 유럽인들이 신대륙으로 향하기 시작한 까닭은 일확천금에 대한 욕구와 신앙의 자유에 대한 갈망도 있었지만, 소빙기가 불러온 재난으로부터 살아남기 위한 몸부림이기도 했다.[92]

에스파냐에 정복당한 아스테카인과 잉카인들은 에스파냐인들과 함께 유입된 천연두 등의 전염병으로 인해 파멸에 가까운 피해를 입었다. 외부와 지리적으로 격리된 데다 소, 말 등 대형 포유류를 가축으로 삼지 못했던 이들은 인수공통전염병에 대한 저항력이 없었기 때문이다. 에스파냐인이 침략할 무렵 2,600만 명에 달했던 아스테카 인구는 아스테카문명이 멸망한 지 1세기가량 지난 1620년에는 160만 명까지 감소했다.[93] 이처럼 막대한 인명 손실로 이어진 전염병은 대제국이었던 아스테카, 잉카가 수백 명에 불과한 에스파냐인의 침략에 멸망한 주된 원인이었다. 이와 관련해 버지니아대학교의 윌리엄 F. 러디먼William F. Ruddiman 교수는, 당시 멕시코와 중앙아시아의 극심한 인구 감소와 전통 문명의 붕괴로 인해 16~18세기에 걸쳐 5~10기가톤에 달하는 이산화탄소가 감소되었고 이는 16세기 이후 지구 기온이 더한층 낮아지는 결과로 이어졌다는 연구 결과를 발표했다.[94] 러디먼 교수의 연구는 기후 변화 관련 연구에 중대한 파장을 일으켰고, 전근대에도 인간의 활동에 의한 인위적인 기후변화가 이루어졌다는 후속 연구가 이어지는 계기가 되었다. 하지만 이에 대한 반론도 만만치 않다. 대표적으로 11장에서 살펴본 폰그라츠 등의 연구는, 16세기 아메리카에서 일어난 인구의 대대적인 감소가 해당 지역의 대기 중 이산화탄소 농도를 감소시킨 것은 맞지만 이것이 전 지구적인 이산화탄소 농도의 유의미한 감소나 실질적인 기후변화를 일으켰다고 보기는 어렵다고 논의한 바 있다.

유럽에서는 소빙기로 인해 악화한 식량 사정을 개선하기 위해 신대륙에서 새로 들여온 작물을 보급하려는 노력도 대대적으로 이루어졌다. 서늘한 기후와 척박한 토양에서도 잘 자라는 감자는 그 대표 격인 작물이었다. 유럽에 들어온 뒤 관상용 또는 사료용 작물로 쓰이던 감자는 소빙기의 식량 사정을 타개하려는 유럽 각국 군주의 노력 덕분에 18~19세기를 거치면서 밀에 비견되는 유럽인의 주식으로 자리매김했다. 옥수수, 고구마, 호박 등 신대륙에서 건너온 다른 작물들도 식량 사정 개선에 적지 않은 도움을 주었다. 그러면서 유럽은 18~19세기에 접어들어 소빙기라는 인구 부양에 불리한 기후환경에도 불구하고, 인구가 오히려 눈에 띄게 증가했다. 이러한 인구 증가는 유럽이 산업혁명을 일으키고 제국주의 시대에 전 세계에 식민지를 확보할 수 있는 원동력이 되었다.[95]

소빙기가 바꾸어놓은
세계지도와 지정학

유럽 안에서 전쟁의 빈발을, 유럽인의 해외 이주를 부추긴 소빙기의 기후변화는 세계지도와 지정학적 질서를 크게 뒤바꾸었다. 조금 더 상세히 말하자면, 소빙기에 전쟁과 원양항해, 해외 이주가 잦아지면서 유럽은 마침내 제국주의 열강으로 거듭나 지구를 유럽 중심의 세계로 재편할 수 있었다.

16세기 이후 원양항해와 해상무역, 유럽인의 해외 이주가 본격화함에 따라 항해에 필요한 지식과 기술을 중심으로 자연스럽게 과학기술이 발달했다. 원양항해를 하려면 조선술, 천문학, 지도 제작술, 기계공학 등과 같은 다방면에 걸친 수준 높은 과학기술이 필요했기 때문이다. 무역과 식민지 건설 과정에서 얻게 된 새로운 지식 역시 유럽의 과학기술을 발전시켰다.

원양항해와 해상무역은 유럽의 경제구조를 근본적으로 변혁했다.[96] 우선 신대륙과 동남아시아, 인도 등지에서 대량으로 유입된 고가의 귀금속과 향신료 덕에 경제 규모가 눈에 띄게 커졌고, 특히 은이 대량으로 유입되면서 화폐경제가 본격적으로 발달하게 되었다. 그리고 막대한 자본이 드는 데다 위험성도 작지 않은 원거리 해상무역을 좀 더 안정적으로 수행하기 위해 유럽인들은 주식회사, 보험 등의 금융업을 고안하고 발전시켰다. 현물이나 '생돈'에 바탕을 뒀던 경제구조가 금융 기반의 경제구조로 바뀐 것이다. 이는 유럽 경제가 자본주의 경제구조로 변화하기 시작했음을 의미한다. 금융업 덕분에 거액의 돈을 대출받고 투자하는 일이 자유로워지고 불의의 사고로 사업이 파산할 위험도 줄어들면서 유럽의 경제 규모는 비약적으로 발전했다.

소빙기에 잦아진 전쟁은 당대 유럽의 민중에게는 비참한 현실이었겠지만, 역설적으로 유럽의 과학기술과 군사력이 다른 대륙을 압도할 정도로 발전하는 결과를 낳기도 했다. 전쟁이 잦아지며 우수한 무기의 도입과 군사제도·전략·전술의 혁신이 자연히 따를 수밖에 없었다.

아울러 소빙기에 수립된 유럽의 절대왕정은 민중의 삶이 땅에 떨어진 끝에 결국 몰락했다. 프랑스 왕실의 계속된 전쟁과 사치스러운 생활로 재정난이 누적되면서 극심한 빈곤에 허덕였던 프랑스 민중의 삶은 끝도 없이 피폐해져갔다. 소빙기라는 기후 재난에 프랑스 정치사회의 부조리까지 더해지며 생겨난 심각한 식량 부족은 결국 1789년 프랑스혁명을 촉발하여 부르봉왕조를 무너뜨렸다.[97] 이어진 19세기에는 프랑스혁명의 영향을 받아 일어난 시민혁명이 유럽 각지에서 일어나 입헌정치와 민주주의의 싹을 틔웠다. 어찌 보면 유럽의 소빙기는 근현대 민주주의를 불러온 직접적인 계기 중 하나라고도 볼 수 있을 것이다.

19세기 초중반에 이르러 유럽 열강의 경제력과 군사력은 중국, 인도 등 비유럽 세계의 전통적인 강자들을 압도하기에 이르렀다. 유럽 세계가 소빙기를 극복하기 위해 시도한 수많은 전쟁과 해상무역 활동이 경제와 과학기술의 발전을 촉진한 끝에 산업혁명의 불길까지 지피게 된 것이었다. 비유럽 세계의 전통 경제는 공장에서 대량 생산된 품질 좋고 값싼 상품을 앞세운 유럽 열강의 경제에 종속되어갔고, 화승총이나 창검으로 무장한 비유럽 세계의 군대는 기관총과 철제 증기선 군함, 신식 소총으로 무장한 제국주의 열강의 군대에 적수가 되지 못했다. 유럽이 소빙기에서 벗어난 19세기 말~20세기 초반에 이르러 아시아와 아프리카 대부분은 제국주의 유럽 열강의 식민지나 속국으로 전락하고 말았다.

요약하자면, 소빙기가 부추긴 유럽의 잦은 전쟁과 유럽인의 대대적인 해외 이주는 굶주림에 허덕이는 유럽을 몰락의 길로 이끄는 대신, 유럽인들이 전 세계로 뻗어가며 자본주의와 산업혁명을 촉발하는 계기가 되었다. 즉, 오늘날 서구 중심적인 세계질서와 세계지도는 500년간 유럽을 덮친 소빙기, 그리고 원거리 해상무역과 대규모 해외 이주라는 유럽인의 소빙기에 대한 대처 방식에 뿌리를 두는 측면도 적지 않다. 나아가 소빙기의 끝자락에 놓인 유럽에서 시작된 산업혁명은 인류가 기후변화를 일으키는 주체로 떠오르면서 인류의 지속가능성과 미래를 뒤흔들 새로운 양상의 기후위기를 불러오는 시발점이 된다.

3

기후변화의 역사에서
기후위기의 시대로

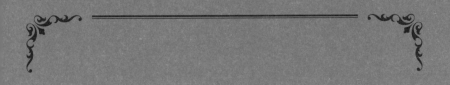

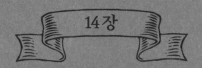
14장

산업화와 화석연료가
빚어낸 인위적 기후위기

1·2부에서 살펴본 바와 같이, 지구의 기후는 계속해서 변해왔고 그 속에서 인류 문명은 흥망성쇠를 거듭해왔다. 온난습윤한 기후는 로마, 한나라, 몽골제국 등과 같은 강대한 문명을 번영시켰고, 그 결과 인류사의 방향과 세계지도의 모습을 크게 바꾸었다. 그리고 한랭해진 기후는 농업 생산성에 악영향을 주어 인구 부양력을 감소시켰을 뿐만 아니라 전염병의 유행까지 조장하면서 많은 사람의 목숨을 앗아갔다. 그 결과 동서 로마, 명나라 등 강대한 제국조차 쇠퇴하거나 멸망했다. 그런 한편으로 근대 유럽은 소빙기라는 어려움 속에서도 신대륙을 식민지로 만들며 산업혁명으로 이어지는 기틀을 다졌다.

소빙기가 끝물에 접어들 무렵 본격화한 산업혁명은 인류 문명의 수준을 혁신적으로 바꾸어놓았다. 거대한 공장에서 쏟아져 나오는 재화는 인류에게 전례 없는 물질적 풍요를 선사했고, 경제 규모가 급격히 커지면서 과학기술의 발달 역시 이전과는 비교하기 어려울 만큼 빠른 속도로 이루어졌다. 세계 각국은 부국강병을 위해 국운을 걸고 산업화를 추진했다.

그런데 산업화가 전 세계적으로 이루어지면서 지구에는 중대한 변화가 일어났다. 산업혁명 이전에는 자연의 힘으로만 일어나던 기후변화가 산업화로 인해 인간 활동의 영향을 크게 받기 시작했다. 산업화가 산업 활동의 규모를 키우기도 했거니와, 그 과정에서 온실가스를 내뿜는 화석연료의 사용이 급증했기 때문이다. 20세기 이후 인간이 기후변화에 미친 영향은 몽골제국의 세계 정복 때보다도 훨씬 크고 광범위해지고 있었다.

인간이 기후변화에 영향을 미치기 시작했다는 말은 무엇을 의미할까? 인류가 기후를 자유자재로 통제할 수 있게 되어 인류 문명이 더한층 발전할 수 있는 발판을 얻었다는 뜻일까? 아니면 인위적인 기후변화로 인류가 예상할 수도, 감당할 수도 없는 결과를 가져오게 될까?

인위적 기후변화의 시작, 산업혁명

산업혁명의 시작은 증기기관의 발명을 통해 이루어졌다. 물을 끓일 때 나오는 증기의 힘으로 움직이는 증기기관은 인류가 기존에 사용해오던 말이나 소와 같은 동물의 힘, 또는 풍차나 물레방아 등과는 차원이 다른 에너지를 사용할 수 있도록 해주었다. 증기기관 덕분에 인류는 수공업이 이루어지던 전근대의 공방과는 비교할 수 없을 정도로 거대한 공장을 매우 효율적으로 운용할 수 있게 되었고, 범선이나 마차와는 속도와 효율 면에서 차원이 다른 증기선, 열차 등의 교통수단 또한 얻을 수 있었다. 시간이 흐르면서 증기기관은 더 크기가 작으면서도 에너지 효율이 뛰어나고 강력한 디젤엔진, 가솔린엔진 등으로 발전했다. 공장의 생산 효율은 한층 개선되었고, 선박과 열차는 더 적은 연료로 더 빠르고 더 멀리 이동할 수 있는 힘을 얻었다. 동력장치가 작아지고 효율화되면서 비행기, 자동차 등 새로운 교통수단도 등장했다.

산업화는 인류에게 이전 같으면 상상하기도 힘들었을 물질적 풍요를 가져다주었다. 우선 재화의 생산량이 급증했다. 산업화 이전 같으면 숙련된 장인이 공방에서 몇 날 며칠을 땀 흘려가며 만들어야 겨우 한두 개 완성될 재화가 공장에서 쏟아져 나오듯이 생산되었다. 예전 같으면 애지중지하며 마르고 닳도록 고쳐 쓰고 대물림까지 해야 했던 옷, 식기, 조리도구, 연장 등이 비교적 저렴한 가격으로 살 수 있는 대중적인 재화로 바뀌기 시작했다.

공장에서 재화가 대량으로 생산되는 데다 증기기관 등의 발명으로 교통수단까지 혁신적으로 발전하니 시장의 규모 역시 눈에 띄게 확대되었다. 예전 같으면 주로 상류층의 사치품이나 생필품을 거래하던 시장은 공장에서 대량생산되는 재화를 거래하는 훨씬 큰 규모의 시장으로 변모해갔다. 시장의 규모가 커지면서 자연스럽게 경제의 규모도 비약적으로 커졌다. 산업혁명으로 인해 비약적으로 확대된 시장경제에 바탕을 둔 새로운 형태의 경제체제를 산업자본주의라 부른다. 산업자본주의가 등장하면서 경제의 축은 1차 산업에서 2·3차 산업으로 옮겨 가기 시작했다.

산업자본주의의 등장으로 경제가 비약적으로 발전하면서 과학기술의 혁신 또한 자연히 뒤따랐다. 열차와 증기선, 자동차 등은 인류의 이동 범위를 크게 넓혀주며 세계를 더욱 조밀하게 연결했고, 전기의 발명은 인류의 삶을 또다시 크게 바꾸어놓았다. 공중위생과 의학의 발전 그리고 화학비료의 발명은 인구 부양력과 인류의 수명 연장에 획기적인 발전을 가져왔다. 산업혁명 직전이던 1750년에 8억 전후였던 세계 인구는 산업화로 인해 1850년에 12억여 명, 1950년에는 24억여 명까지 증가했고, 2022년에는 무려 80억 명에 육박할 정도로까지 증가해왔다.

세계 각국은 부국강병을 이룩하고 경쟁에서 승리하기 위해 산업화에 국운을 걸었다. 일찍이 산업화에 성공한 유럽 열강과 미국은 19~20세기 초중반에 산업화와 산업자본주의의 힘으로 제국주의 체제를 만들어 전 세계를 지배하다시피 했다. 제2차 세계대전 이후 제국주의 열강으로부터 독립한 나라들의 산업화 역시 지금까지 이어지고 있다. 물론 오늘날의 산업은 19~20세기 초반의 산업과는 그 양상과 형태가 많이 다르지만, 재화의 대량생산과 자본주의 시장경제가 세계 경제와 질서를 지배하고 있다는 점에서 여전히 산업혁명에 그 뿌리를 두고 있다.

산업혁명을 일으킨 증기기관 그리고 오늘날의 사회와 경제에서도 필수 불가결하게 쓰이고 있는 증기기관의 후손들은 무엇의 힘으로 움직일까? 바로 석탄, 석유와 같은 화석연료이다. 석탄과 석유는 채굴하기 어렵지만, 제대로 활용하면 목탄, 풍력, 가축의 힘 등과는 비교할 수 없을 정도로 강력한 에너지를 제공한다. 가정에서 주전자에 물을 끓일 때 나오는 증기는 주전자 뚜껑을 들썩이게 할 뿐이지만, 증기기관의 석탄 보일러로 물을 끓여 만든 증기는 공장의 대규모 설비는 물론 열차나 거대한 선박까지도 움직이는 힘을 제공할 수 있다.

석탄과 석유는 산업혁명 이전에도 쓰였지만, 그 쓰임새는 오늘날과는 비교할 수 없을 정도로 제한적이었다. 대장간이나 일부 음식점 등에서 목재나 숯을 대체할 연료로 쓰이거나 무기, 공예품 등을 만드는 재료로 사용되는 정도였다. 하지만 증기기관이 발명되고 산업화가 본격적으로 이루어지면서 화석연료의 위상은 혁명적으로 달라졌다. 산업혁명이 일어난 18세기 말부터 20세기 초중반에 걸쳐 석탄은 기계와 교통수단을 움직여 산업자본주의 체제를 존속하게 하는 최고의 자원이었다. 이후 기술의 발달로 석유가 석탄의 자리를 상당 부분 대체하여 오늘날까지 석유는 세계경제를 주름잡는 위상을 차지하고 있다.

그런데 화석연료 사용이 급증하면서 이산화탄소, 메탄 등과 같은 온실가스의 배출량 역시 대대적으로 증가했다. 태양 복사에너지를 흡수하거나 재방출하는 온실가스의 대기 중 농도가 높아지면, 지구의 기온이 자연적으로 이루어지는 기후변화의 결과를 넘어설 정도로 상승하게 된다. 자연적인 변화 수준을 넘어서는 기온 상승은 물의 증발과 해수의 대기 순환에도 급속한 변동을 불러와 결과적으로 지구 기후에 큰 변화를 일으킨다.

물론 인류는 문명이 시작될 무렵, 아니 그 이전부터 불을 사용하고 삼림을 제거하며 온실가스를 배출해왔다. 인류가 문명을 창시하고 지속적으로 온실가스를 배출하지 않았다면 지구에는 이미 또 다른 빙하기가 도래했을 수 있다는 견해도 있다.[1] 하지만 산업혁명 이전의 온실가스 배출량은 자연, 즉 지구 기후 시스템에 의미 있는 변화를 미칠 수준까지는 아니었다. 농경이 시작된 이래로 산업혁명 직후에 이르는 1만 년 동안 지구 평균 기온은 0.8도 증가했는데,[2] 이 정도의 온난화가 수십 년에서 한두 세기 안에 이루어졌다면 지구 기후 시스템과 인류 문명에 결정적인 영향을 주었을지 모른다. 하지만 이러한 변화는 무려 1만 년에 가까운 긴 시간에 걸쳐 일어났기에 지구 기후를 급격히 바꾸는 결과로 이어지지는 않았다. 산업혁명 이전에 이루어진 인간의 온실가스 배출과 삼림 제거는 그 이후와는 비교할 수 없을 정도로 제한적이었다. 예를 들어 석탄과 석유는 이미 전근대 시대부터 사용되었지만, 그 사용 범위는 대장간의 화덕에서 고열을 얻기 위한 특수한 연료였거나 건축·공예 등의 부재료 정도였다. 화석연료는 채굴하고 정제하기가 힘든 데다, 전근대 사회에서는 일부 특수한 분야를 제외하면 화석연료가 필요한 경우가 드물었다. 농경지를 확보하기 위한 삼림 파괴 역시 인류가 농경을 시작한 이래 계속 이루어져왔지만, 이 역시 지구 기후를 유의미하게 변화시킬 정도는 아니었다.

전근대의 기술로는 삼림을 농경지로 개간하는 속도나 정도에 뚜렷한 한계가 있었고, 인구도 적었기 때문에 중대한 기후변화를 일으킬 만한 대규모의 삼림 파괴를 할 동기도 적었다.

그런데 산업혁명 이후에는 이야기가 달라진다. 산업혁명 이후 이윤을 극대화하고 시장경제와 자본주의 체제를 지탱하기 위한 대규모 생산이 이루어지면서 화석연료의 사용은 산업혁명 이전과는 비교할 수 없을 정도로 증가했다. 화석연료로 움직이는 교통수단과 전기의 사용이 일상화되면서 화석연료 사용은 더한층 증가할 수밖에 없었다. 급속한 인구 증가는 화석연료의 사용을 심화했고, 더불어 온실가스 배출량을 크게 증가시켰다. 게다가 산업과 교통의 발달 및 인구의 증가로 인해 더 많은 주거지와 농경지, 산업시설, 교통 인프라 등이 필요해졌고, 이런 시설을 마련하기 위해서 전근대보다 훨씬 많은 삼림과 습지가 기계의 힘을 빌려 빠른 속도로 파괴되었다. 산업화가 유럽 열강에서 아시아, 아프리카 등지로 확산함에 따라 산업 활동을 통한 온실가스 배출은 더욱 가속화되고 있다. 산업혁명 이후 오늘날까지 200년이 조금 넘는 기간 동안 이루어진 대기 중 온실가스 농도의 증가 폭은 문명의 탄생부터 산업혁명 이전에 이르는 1만 년 동안 이루어진 온실가스 농도 증가량의 3~10배에 달한다.[3]

산업혁명 이후 계속된 온실가스 배출량의 급격한 상승은 자연히 지구 평균 기온을 상승시켰다. 산업혁명 이후부터 2000년 전후에 이르는 200여 년 동안, 지구의 평균 기온은 0.6도나 상승했다.[4]

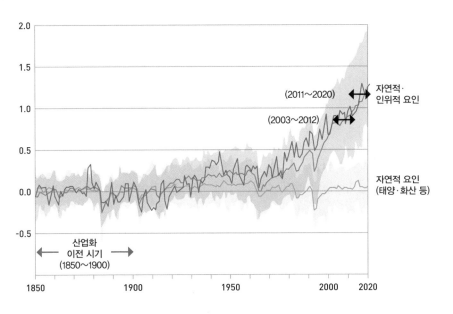

2.0

1.5

1.0 (2011~2020)

(2003~2012)

0.5

0.0

-0.5

산업화
이전 시기
(1850~1900)

1850   1900   1950   2000   2020

자연적·
인위적 요인

자연적 요인
(태양·화산 등)

1850~2020년 지구 평균 기온의 상승 추세. 산업혁명 이후
대량생산 체제와 교통수단 및 전기의 일상화 등으로 인해
화석연료의 사용이 급증했다. 특히 20세기 중반 이후의
지구 평균 기온은 이전과 비교했을 때 급격하게 상승했다.
이는 온실가스 배출의 급증 등 인위적인 요인의 영향이 컸다.

문명의 태동으로부터 산업혁명 직전까지 1만 년 가까운 시간 동안 일어난 지구 평균 기온 상승 폭이 0.8도 정도였음을 감안하면, 아무리 적게 잡아도 5,000~6,000년 이상에 걸쳐 이루어졌을 기온 상승이 산업화로 인해 고작 200여 년 만에 이루어진 셈이다.

이처럼 산업혁명은 인류의 생활 수준과 과학기술 수준에 혁신적인 진보를 가져왔지만, 한편으로 산업혁명 이전 같으면 존재할 수조차 없었을 막대한 양의 온실가스가 짧은 시간 안에 대기 중에 퍼지는 결과도 함께 불러왔다. 이처럼 산업화 이후 이루어진 대량의 온실가스 배출과 이에 따른 지구 평균 기온의 상승은 자연의 통제 범위를 넘어선 인류의 산업 활동에 따른 결과물이라는 점에서 인위적인 기후변화anthropogenic climate change 라고 불린다. 즉, 산업화로 인해 인류는 자연에 의한 기후변화에 영향을 받기만 하던 존재에서, 비록 의도한 것은 아니지만 기후를 바꾸는 주체로 변모한 셈이다.

기후위기의 세계에서 살아가기

온실가스의 증가로 인한 인위적인 기후변화, 즉 지구온난화는 지구에 어떤 영향을 줄까? 1·2부에서처럼 자연적인 기후변화가 이루어지던 시대를 살펴보면, 대체로 기후가 온난습윤해지면 농업 생산성이 증가하면서 문명이 성장하고 발전했음을 알 수 있다. 산업화로 인해 물질문명과 경제가 크게 발전한 데다 기후까지 온난해졌으니 인류 문명은 이전과는 비교할 수 없을 정도로 번영하며 계속 발전해나갈 수 있게 된 것일까? 혹은 기후변화의 영향을 받기만 하는 대상을 넘어 기후변화에 영향을 미치는 주체로 거듭난 인류가 가뭄, 냉해, 홍수, 폭염 등과 같은 기후재난을 극복하고 더욱더 발전할 수 있는 단계로 접어든 것일까?

불행하게도 현실은 그 반대였다. 과도한 온실가스 배출이 계속 이어지면서 산업화 이후의 기후변화 속도와 정도는 자연스러운 상태에서 이루어지는 기후변화의 정도를 훨씬 넘어서고 있다. 오늘날 학계는 시뮬레이션 연구 결과를 토대로, 2100년에는 지구 평균 기온이 최소 1.8도에서 최대 4.0도까지 증가할 거라고 경고한다.[5] 전근대 시대에는 수십 년에서 한두 세기에 걸쳐 평균 기온이 1도 정도만 변화해도 인류 문명에 큰 변화가 일어났다. 그러나 20세기 말에 일어날 기온 상승 폭은 그보다도 훨씬 크다. 인위적 요인에 의한 온난화는 전근대의 자연스럽게 일어난 온난화와는 달리, 인류 문명에 축복은커녕 여러 차례 일어난 전근대의 한랭화와도 비교하기 어려울 정도로 큰 위협을 주고 있다.

과도한 기온 상승은 극지나 고산지대의 빙상과 빙하를 녹여 해수면을 상승시킨다. 해수면이 상승하면 해발고도가 낮은 해안 지대나 섬 지역은 침수된다. 인류가 살 수 있는 땅의 면적이 줄어드는 것이다. 해안 지대는 항구나 도시 같은 인류 문명의 중요한 거점인 경우가 많아 인류 문명에 큰 타격일 수밖에 없다. 게다가 기

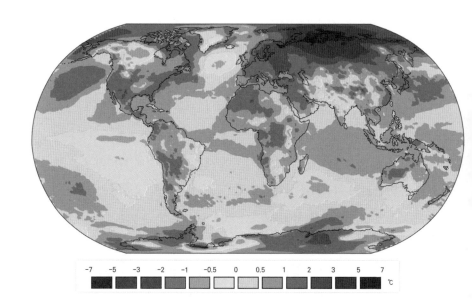

1981~2010년 평균 기온 대비 2020년 기온 변화를 보여주는 세계지도.
대부분의 지역에서 2020년 기온이 1981~2010년 평균치에 비해
눈에 띄게 상승했으며, 심지어 시베리아나 북극해 일대에서는
불과 10~40년 사이에 평균 기온이 무려 5~7도나 상승한 지역도 있다.

온의 과도한 상승은 해수와 대기의 순환에 심대한 변화를 일으켜 이상기후 현상을 자주 일으킨다. 그러다 보니 자연재해가 잦아지고, 세계 각지의 기후가 변하면서 사막의 면적이 확대되는 등의 부작용까지 생겨난다. 아울러 기온이 과도하게 오르면 농작물의 생장에 나쁜 영향을 끼쳐 농업 생산성을 저해한다. 자연스러운 온난화는 인류에게 풍작과 풍요라는 선물을 주었지만, 온실가스가 일으킨 인위적인 온난화는 되레 식량 위기뿐만 아니라 인류가 살 땅조차 빼앗는 것이다.

더 큰 문제는 인류가 인위적인 기후변화를 일으켰지만, 이를 되돌릴 힘을 갖고 있지는 못하다는 사실이다. 한번 바뀐 기후를 원래대로 되돌리는 일은 적어도 오늘날 인류의 기술 수준으로는 불가능하다. 인류가 이미 산업화 이후의 물질적 풍요와 기술 진보에 익숙할 대로 익숙해진 데다 산업 활동은 현대 사회와 경제를 유지하는 밑바탕으로 자리매김했기 때문에, 기후위기를 이유로 산업을 포기할 수도 없는 노릇이다. 물론 인류도 환경 파괴와 기후위기의 위험성을 모르는 것은 아니어서 온실가스와 오염물질 배출량을 줄이기 위해 다양한 노력을 기울이고 있다. 하지만 세계화로 인해 산업 활동과 장거리 이동 및 무역이 더욱 활발해지고 세계 인구까지 계속 증가하면서 기후위기의 해결은 여전히 어려운 과제로 남아 있다. 그러다 보니 기후위기를 극복하기 위한 전 세계의 노력이 무색하게도, 지구 평균 기온의 상승세는 한풀 꺾이기는커녕 점점 더 심해지고 있다.

심지어 1970년대 이후 선진국들이 대기오염물질 배출 규제에 나서면서 지구온난화가 오히려 가속화되는 아이러니한 상황이 생긴 적도 있다. 이산화황 등의 물질이 에어로졸 형태로 대기 중에 퍼지면 대기오염이 심각해지지만 한편으로 태양 복사에너지를 차단해 지구온난화를 저지하는 효과도 나타난다. 배출 규제로 이들 에어로졸의 배출은 줄어들었지만 온실가스 배출은 줄어들지 않아 빚어진 결과였다.[*][6]

전근대 시대에는 자연스러운 기후변화가 인류 문명과 국가의 흥망에 중대한 영향을 미쳤다면, 오늘날에는 인위적인 기후변화가 인류의 존속마저 위협하는 기후위기의 시대다. 인위적인 기후변화는 전근대 문명과 제국의 운명에 치명타를 가한 자연재해보다도 훨씬 심각한 재난을 빈번하게 일으킬 가능성이 크다. 또한 침수, 사막화 등으로 인해 지구가 점점 사람이 살기 어려운 환경으로 변해갈 수도 있다.

구약성서의 〈창세기〉 편에는, 신의 권위에 도전해 바벨탑을 쌓았다가 천벌을 받은 사람들의 이야기가 나온다. 물론 인류가 기후를 바꾸려는 목적으로 산업혁명을 시작하고 산업 활동을 이어온 것은 아니다. 하지만 산업 활동을 통한 과다한 온실가스 배출

....

* 지난 2013년 개봉한 영화 〈설국열차〉에서는 세계 각국이 지구온난화를 막으려고 대기 중에 살포한 에어로졸로 인해 지구에 되레 빙하기가 닥쳐와 인류 문명이 멸망한 뒤의 이야기를 다루고 있다.

은 결과적으로 지구 기후 체계를 심각하게 교란해 인류의 미래를 위협하고 있다. 바벨탑의 붕괴는 인류에게 큰 시련을 가져다주었지만, 인류의 멸망으로 이어지지는 않았다. 자연을 파괴하고 지구 기후 체계를 교란한 결과 빚어진 기후위기는 인류의 미래에 어떤 영향을 미칠까? 그리고 인류는 기후위기를 극복하고 인류 문명이 존속할 수 있도록 하기 위해 어떤 노력을 해야 할까?

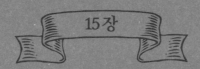

15장

사막과 바다에 침식되어
사라지는 인류의 삶터

2021년 11월 8일 영국 스코틀랜드 글래스고에서 열린 제26차 유엔기후변화협약 당사국총회에서는 이색적인 영상 한 편이 상영되었다. 영상에는 투발루 외무장관 사이먼 코페Simon Kofe가 정장 차림으로 허벅지까지 물이 차오르는 투발루 앞바다에 마련된 연단에서 기후위기에 대한 국제사회의 대응을 촉구하는 연설을 하는 모습이 담겨 있었다. 호주에서 동쪽으로 5,000여 킬로미터 떨어진 남태평양의 작은 섬나라 투발루는 평균 해발고도가 5미터로 무척 낮아 기후위기로 해수면이 계속 상승하면 국토가 수몰될 위험에 처해 있다.

투발루의 수몰 위기는 단순히 지형과 환경이 침수에 열악하기 때문일까? 국토가 수몰되어 사라질 위험은 투발루에만 국한된 문제일까? 투발루가 겪는 위기는 바다와 멀리 떨어진 내륙 지대와는 별다른 관계가 없는 일일까? 현대의 과학기술을 동원해 투발루와 같은 해안 저지대가 침수되는 위기를 막을 수는 없을까?

녹고 있는 빙하, 가라앉는 땅

동토凍土와 빙하라는 단어를 들으면 무엇이 연상되는가? 웅장하고 신비로운 빙하의 자태를 떠올리는 사람도 있을 테고, 설상·빙상 스포츠를 연상하는 사람도 있을 것이다. 빙하에서 자연의 아름다움과 신비로움을 즐기거나 설상 스포츠를 즐기는 등의 관광이야 얼마든지 할 수 있을 것이다. 그러나 얼음과 눈에 뒤덮인 땅에서 농사를 짓거나 마을과 도시를 이루며 살아가기는 어렵다. 하다못해 기온이 1도가량만 떨어져도 로마, 한나라, 명나라 같은 대제국이 흔들리다 못해 멸망하기까지 했을 정도인데, 우리의 삶터가 빙하로 뒤덮인다면 당연히 정상적인 생활을 하는 데 심각한 어려움을 겪을 것이다.

기후가 한랭했던 시기의 지구에는 빙하의 면적도 넓었다. 실제로 소빙기에 알프스의 빙하는 오늘날보다 1킬로미터 이상 길어서 산기슭 근처까지 내려오는 바람에 민가와 경작지를 버리는 일도 일어났다.[7] 이처럼 빙하가 눈에 띄게 확장할 정도로 기후가 추워지면 그 피해는 알프스 산기슭 같은 빙하 주변에만 국한되지 않는다. 2부에서 살펴보았듯이, 이러한 한랭화는 역사 속 대제국들도 치명타를 입고 멸망에 이르게 한 중요한 요인이었다. 알프스 빙하가 크게 확장했던 소빙기의 유럽 역시 신항로를 개척하고 신대륙을 발견해 해외 영토를 식민지로 삼지 못했더라면 과학혁명과 산업혁명을 이룩하기는커녕 전란과 기근이 이어졌던 중세 초기의 혼란을 되풀이했을지도 모른다.

산업화 이후 인위적인 기후변화로 인해 지구 평균 기온이 상승하면서, 특히 20세기 후반 이후로 지구상의 빙하는 계속 줄어들고 있다. 예를 들어 알프스산맥의 몽블랑산은 1900년 해발 1,050미터 지점까지 빙하에 덮여 있었는데, 2008년에는 빙하의 최저 고도가 해발 1,400미터 지점까지 올라가버렸다.[8] 극지 빙상과 빙하도 마찬가지다. 남극의 파인아일랜드 빙하의 얼음층은 지난 2015~2020년 동안 무려 26.3킬로미터나 후퇴했고,[9] 그린란드의 피터만 빙하의 유빙 역시 지구온난화로 인한 균열 때문에 2000년에 81킬로미터에 달했던 총길이가 2012년에는 무려 48킬로미터까지 줄어들었다.[10] 이들 빙하가 남극과 그린란드에서도 규모가 큰 편에 속한다는 사실을 고려하면, 극지의 빙하 감소 속도는 우리 생각보다도 훨씬 빠르고 심각하게 이루어지고 있음을 알 수 있다.

이처럼 온난화로 인해 지구상의 빙하와 빙상이 녹아서 줄어들면 어떤 일이 일어날까? 빙하와 얼음에 덮인 땅의 면적이 감소하니, 인류는 더 많은 땅과 바다를 이용할 기회를 얻은 셈일까? 실제로 북극권의 빙하와 빙상이 줄어들면서 인류가 오랫동안 숙원해왔지만 빙산 때문에 가로막혀 있었던 북극 항로를 머지않아 이용할 수 있게 되리라는 예측도 나오고 있다. 북극 항로라는 새로운 바닷길은 경제적 가치가 크기 때문에 우리나라를 비롯한 세계 각국이 이 새 항로를 사용할 권리와 방법을 모색하는 데 많은 공을 들이고 있다.[11]

하지만 불행하게도, 인류는 기뻐할 처지가 아니다. 빙하와 빙상이 녹으면 그만큼 해수면이 상승하여 해발고도가 낮은 해안 지대나 섬 지역이 바닷속으로 가라앉기 때문이다. 지구상에 존재하는 민물의 70퍼센트가량은 얼음 형태로 존재한다. 나머지 30퍼센트의 민물도 대부분 지하수이고, 하천이나 호수는 전체 민물의 1퍼센트 정도에 불과하다. 한마디로 빙하와 빙상이 10퍼센트만 녹아도, 지구상에 존재하는 하천과 호수의 물을 전부 합한 양의 일곱 배나 되는 물이 바다로 흘러드는 셈이다. 장마철에 집중호우가 내려 하천의 수위가 높아지기만 해도 큰 홍수가 나는데, 그렇게 많은 양의 민물이 바다로 흘러간다면 장마철 홍수와는 비교할 수 없을 정도로 큰 재난이 닥칠 것이다.

게다가 지구온난화는 기온뿐만 아니라 수온까지 상승시킨다. 물은 온도가 올라가면 팽창해 부피가 커진다. 가뜩이나 빙하와 빙상이 녹은 물이 흘러드는 데다 바닷물이 부피까지 커지면, 해수면은 더욱 상승할 수밖에 없다. 열팽창으로 인한 해수면 상승 역시 오늘날 지구상의 여러 바다에서 실제로 관찰되고 있는 현실이다.[12]

학계에서는 지구온난화와 빙하의 감소가 지금과 같은 정도로 계속된다면, 21세기 말에는 해수면이 오늘날보다 적게는 수십 센티미터에서 많게는 1~2미터가량 상승할 거라고 예측한다. 그렇게 된다면 해안 저지대의 상당 부분이 침수되고, 이로 인해 수억 명의 이재민이 발생할 것이다.[13] 소빙기에 얼음에 뒤덮였던 땅은 기온이 자연스럽게 상승하면 얼음이 녹으면서 다시금 마을을 세우거나 농사를 지을 수 있었다. 하지만 한번 바다에 가라앉은 땅은 다시 쓰기가 매우 어렵다. SF 소설이나 영화에서는 지구가 환경 파괴로 인해 수몰된 뒤 해저도시를 만들어 살아가는 사람들의 이야기를 다루는 경우도 제법 있지만, 가까운 미래에 이런 일이 현실이 될 가능성은 희박하다. 게다가 해안 지대는 도시와 항구 등이 발달해 많은 사람이 살아가는 곳이다. 그렇기 때문에 해안 지대의 침수는 산기슭이 빙하와 얼음으로 덮이는 것과는 비교도 안 될 정도로 큰 피해를 인류 사회에 안겨줄 것이다. 21세기 말에 일어날 거라고 예측되는 해수면 상승이 현실이 된다면, 수억 명 이상의 이재민이 발생하고 세계 각국은 감당하기 어려울 정도의 경제적 위기에 처할 위험성이 크다.[14]

해수면 상승이 불러올 위기는 해안 저지대 침수에 그치지 않는다. 극지의 얼음이 녹으면서 차가운 민물이 가뜩이나 수온이 상승한 바다에 유입되면, 바다의 수온과 염도에도 변화가 생긴다. 이는 해수 순환의 변동을 일으켜 궁극적으로는 지구의 기후 전체에 큰 변화가 생길 가능성이 크다. 예기치 못한 자연재해가 발생할 가능성도 그만큼 커질 것이다.

일례로, 영화 〈투모로우〉는 극지의 빙하가 녹은 물이 바다에 대거 유입되면서 해수의 수온이 떨어지고 해류가 변하는 바람에 미국 전역에 극심한 빙하기가 닥치는 이야기를 다루고 있다. 물론 영화적 과장이 들어간 이야기지만, 해류와 수온의 변화가 예측하

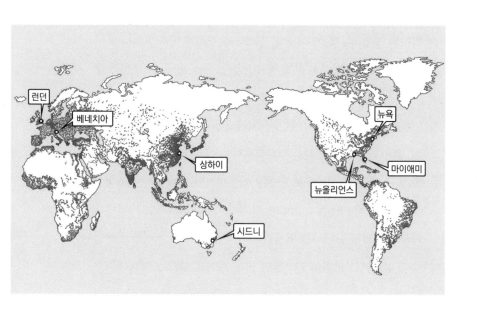

해수면이 1미터가량 상승했을 때, 침수될 세계의 주요 대도시들과 2009년 세계 인구 분포도. 인구와 도시의 분포는 대체로 내륙이나 고산지대가 아닌 해안 저지대에 집중해 있다. 해수면 상승으로 인해 이러한 지역이 침수된다면 인류 문명은 치명타를 입을 수밖에 없다.

기 어려운 이상기후를 초래할 가능성은 다분히 높다. 이미 엘니뇨와 라니냐의 변동 주기가 교란되면서 세계적으로 이상기후와 자연재해가 빈발하고 있는데, 극지 빙하의 감소와 해수면 및 해수 수온의 급격한 상승이 이러한 재난의 빈도와 정도를 증가시킬 위험성은 결코 무시하기 어렵다. 일각에서는 극지 빙하가 녹아 유입된 차가운 물이 빙하의 붕괴 속도를 늦출 거라고 예측하지만,[15] 빙하의 소멸이 불러올 위기는 그 정도로 극복될 성질의 것이 아니다.

해수면 상승으로 침수 위기에 처한 곳은 투발루, 몰디브, 키리바시 등과 같은 규모가 작은 섬나라뿐만이 아니다. 선진국도 예외일 수 없다. 운하와 곤돌라로 유명한 이탈리아의 베네치아는 20세기 후반 이후 해수면 상승으로 인해 홍수가 잦아졌다. 2019년에는 역사상 최악의 물난리를 겪어 상가와 민가는 물론 산 마르코 성당 등이 침수되고 한화로 1조 원이 넘는 피해를 입었다. 베네치아는 앞으로도 이러한 홍수를 반복적으로 겪을 가능성이 크고 심하면 수몰될 위험성도 있다.[16] 물론 베네치아에서는 평소에는 바닷속에 잠겨 있다가 홍수가 나면 부력의 힘으로 떠올라 밀려오는 바닷물을 막는 대규모 방벽 시스템 모세 MOSE 를 지난 2020년부터 운용하고 있다.[17] 하지만 한두 군데도 아니고 해수면 상승으로 인해 침수 위협을 받는 지역에 이런 거대한 설비를 전부 설치하기는 어렵다. 모세 시스템이 해수면 상승에 따른 피해를 완전히 차단할 수 있을지도 아직은 미지수다.

우리나라도 예외는 아니다. 한반도의 해안은 해수면 상승에 따른 해안침식 문제로 이미 심각한 피해를 입고 있다. 지구온난화는 해수면 상승은 물론 바람과 해류에까지 영향을 미친다. 따라서 수위가 높아진 바다에서 예전보다도 훨씬 거세게 파도가 밀려오고 그로 인해 해수면이 빠른 속도로 침식되는 문제가 일어나고 있다. 사실 우리나라의 평균 해수면 상승 속도는 지구 평균치보다도 10퍼센트 이상 높으며,[18] 이 때문에 우리나라의 해안 지대에서는 심각한 해안침식으로 해수욕장이 사라지거나 해안에 건설한 도로와 건물이 무너져 내리는 일까지 심심찮게 일어나고 있다. 정부와 지자체에서는 막대한 예산을 들여 물속에 잠제潛堤*를 설치하고, 양빈養濱**을 실시하는 등 해안침식에 따른 피해를 막으려고 노력하지만, 해안침식을 온전히 막기에는 역부족이다.

해수면 상승이 한반도에 불러올 위기는 해안침식에 그치지 않는다. 지난 2011년, 한국환경정책평가연구원(현 한국환경연구원)은 지구온난화에 따른 해수면 상승으로 2100년이면 한반도의 4퍼센트가량이 바닷속으로 가라앉으며, 이로 인해 현재 가치로 수십조 원 이상의 손실이 발생할 것이라는 예측을 내놓았다.[19]

과도한 온실가스 배출이 불러온 지구온난화는 이미 지구 전역에서 해수면 상승을 일으키고 있으며, 당장 우리나라의 해안에서

········

* 해안 지대의 경관을 보존하면서도 파랑에 의한 해안침식을 막기 위해 물속에 잠기는 潛 형태로 시공하는 제방堤을 말한다.

** 이미 침식이 일어난 해안에 대량의 토사를 보충해 해안을 복원하는 작업을 말한다.

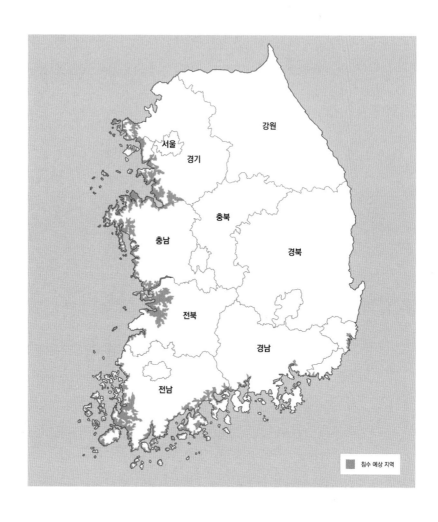

해수면 상승으로 인해 2100년 우리나라에서 침수가 일어날
것으로 예상되는 지역. 우리나라의 평균 해수면 상승 속도는
지구 평균치보다 10퍼센트 이상 높다. 2100년이면 한반도 면적의
4퍼센트가 바다에 가라앉을 것이라는 예측도 있다.

도 심각한 침식이 빚어지고 있다. 정부와 지자체가 어떻게든 해안 침식 문제를 해결하기 위해 해마다 막대한 예산을 들여 잠제 설치, 양빈 등을 실시해오고 있지만, 해안침식 속도를 따라잡기에는 역부족이다. 기후위기가 현실이 되면서 모세와 같은 토목기술을 통한 대책 마련도 각광을 받는다지만, 이런 기술만으로 해수면 상승에 따른 피해를 온전히 예방할 수 있으리라고 기대하기는 어렵다. 온실가스 배출량을 획기적으로 줄이는 등 지구온난화와 해수면 상승의 원인인 인위적인 기후변화를 근원적으로 차단할 대책이 마련되지 않는다면, 투발루 외무장관의 간절한 호소는 수십 년 뒤에는 우리의 일이 될지도 모른다.

사막화가 불러온 눈물과 탄식

지구온난화로 인해 해수면이 상승한다면, 바다와 멀리 떨어진 내륙 지대는 안전할까? 그렇지 않다. 물론 내륙 지대까지 바닷속으로 가라앉을 일은 없을 것이다. 하지만 과도한 기온 상승은 내륙 지대의 온난습윤한 땅을 사막으로 만들어버린다.

당장 아프리카에서는 가뜩이나 광대한 사하라사막이 점점 더 커지고 있다. 사하라사막 남단의 반건조 지대인 사헬에서는 1950년대 중반에 이르러 이전에 비해 강수량이 20퍼센트 넘게 줄어들며 극심한 가뭄이 이어졌다.[20] 사헬은 사막 주변의 건조 지대이지만,

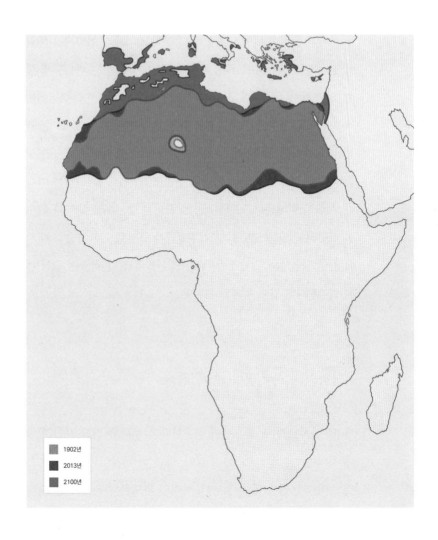

20세기 이후 확장되어온 사하라사막의 영역과 2100년까지 확장할
거라고 예상되는 영역. 2010년대 들어 아프리카 대륙 전체의
3분의 2가 사막이나 반건조 지대로 변했고, 경상남북도와
전라남북도 면적을 합한 것과 맞먹는 땅이 매년 사막화되고 있다.

사막보다는 강수량이 많아서 초원이 펼쳐진다. 기름진 땅이라고 하기는 어렵지만, 오랫동안 유목민의 삶터로 자리매김해왔다. 하지만 극심한 가뭄이 이어지면 사헬의 초원도 사막으로 변한다. 사막에서는 유목 생활을 할 수 없고, 유목민은 삶터를 잃을 것이다.

더 큰 문제는 이처럼 심각한 가뭄이 사헬 지대에서만 일어나는 일이 아니라는 점이다. 사헬 남쪽의 사바나와 열대우림에서도 마찬가지로 강수량이 감소하고 가뭄의 횟수가 증가하고 있다. 이런 문제가 계속 이어지면서 사헬이 사막으로 변하는 것처럼 사바나는 사헬로, 열대우림은 사막으로 바뀌고 있다. 2010년대 들어 아프리카 대륙 전체의 3분의 2가 사막이나 반건조 지대로 변했고, 경상남북도와 전라남북도 면적을 합한 것과 맞먹는 3만 6,000제곱킬로미터의 땅이 매년 사막화되고 있다.[21] 사막화와 가뭄이 계속된다면 2100년 무렵에는 사하라사막이 남쪽 끝의 사헬 지대뿐만 아니라 북아프리카 전역과 이베리아반도 남부까지 확장될 거라는 예측도 나올 정도이다. 지중해 연안은 기단의 영향 등으로 인해 비교적 강수량이 적은 편이고,* 특히 에스파냐 남부는 산악 지형이 발달해 강수량이 더욱 적다. 급격한 기온의 상승과 기단 및 해류의 변화, 주변 지역의 사막화는 이들 지역의 강수량을 더

....

* 　지중해 일대는 특히 여름이 건조하다. 올리브, 코르크, 오렌지 등 지중해성 작물이 두꺼운 껍질이나 잎사귀를 가진 이유는 건조한 여름을 견디기 위해서이다. 권혁재, 2005, 《자연지리학》(제2판), 법문사, 209쪽.

욱 줄어들게 하여 사막화로 이어지게 한다.

사하라사막은 왜 이렇게 계속 넓어지는 것일까? 여러 요인이 있지만, 그중에서 가장 중요한 것은 바로 기후위기가 불러온 열대수렴대의 변화이다. 대기 중의 과다한 온실가스로 인해 기온 상승이 자연스러운 수준을 넘어설 정도로 이루어지면, 바람의 방향과 세기 그리고 바닷물을 비롯한 수분의 증발량과 증발 속도가 눈에 띄게 달라지면서 해수와 대기의 순환에도 중대한 변화가 일어난다. 그러다 보니 지구온난화가 심해질수록 해들리순환도 눈에 띄게 변하면서 열대수렴대가 남하하게 되는 것이다. 열대수렴대가 남하하면 고온건조한 공기가 남쪽까지 뻗어가고 그로 인해 사헬과 열대우림에도 사막화가 일어난다.

사막화와 생태계의 파괴는 아프리카의 일만이 아니다. 전 세계 열대우림의 25퍼센트가 넘는 비중을 차지하는 아마존 분지의 열대우림 역시, 열대수렴대의 남하로 인해 사바나나 황무지로 변해 가고 있다. 학계에서는 2050년에는 아마존 열대우림의 40퍼센트가 파괴될 거라고 경고하고 있다.[22]

중앙아시아의 사막화 역시 국제적으로 심각한 문제이다. 지구 평균 기온의 상승은 애초부터 강수량이 적어 스텝과 사막이 넓게 펼쳐진 중앙아시아 지역의 수분 증발을 촉진하여 사막을 더욱 확대시키고 있다. 몽골의 경우, 전 국토의 65퍼센트가 사막화의 위협에 내몰리는 등 국가적 위기 상황에 내몰려 있다. 과도한 관개 농업과 댐 건설로 인해 아랄해가 원래 면적의 10분의 1 수준으로

줄어드는 등 수자원 고갈 문제까지 겹치면서 중앙아시아의 사막화
는 한층 더 악화되고 있다.

사막의 확대는 사람들의 삶터를 빼앗는다. 스텝이나 사헬에서
야 유목 생활이 가능하다지만, 사막에서는 그조차도 불가능하다.
실제로 오늘날 아프리카에서는 삶터를 잃은 사헬의 유목민들이
극심한 빈곤에 내몰리거나, 새로운 삶터를 찾아 이주하다가 현지
주민들과 극심한 갈등을 빚는 경우도 심심치 않게 벌어지고 있다.
몽골에서도 사막화 때문에 유목 생활을 할 수 없게 된 수십만 명
이 넘는 유목민이 도시로 몰려들면서 도시환경까지 나빠지는 악
순환이 일어나고 있다.

현대의 토목공학이나 도시공학으로도 사막을 사람이 살기에 적
합한 도시로 바꿀 수는 없다. 미국 애리조나주의 피닉스시가 사막
한가운데에 세워진 대도시로 유명하지만, 이곳은 인근에 흐르는
길라강의 강물을 정교한 관개 체계를 통해 끌어올 수 있었기에 가
능했다. 피닉스시가 사막 한가운데의 대도시로 유명세를 떨친다
는 사실 자체가 이미 사막에 도시를 세우고 유지하는 일이 극도로
어렵다는 것을 방증한다.

그뿐만이 아니다. 열대우림이 사바나로, 사바나가 사헬과 사막
으로 바뀌면 광합성을 통해 온실가스 조절에 중대한 역할을 하는
식물의 총량이 크게 감소한다. 이는 지구온난화를 가속하여 기후
위기를 더욱더 악화시키는 결과를 가져온다. 즉, 인간의 온실가스
배출로 인한 지구온난화는 난개발, 삼림 파괴 등과 맞물려 건조기

후대의 면적을 확대하고, 이는 삼림 면적과 식물량의 급감을 불러와 사막화를 한층 가속하는 악순환으로 이어진다. 이러한 악순환이 계속되면 계속될수록 지구상에 인간이 살아갈 수 있는 땅은 줄어들 것이다. 이대로 가면 지구는 인간이 살아가기에 더욱 어려운 환경으로 변해갈 수밖에 없다.

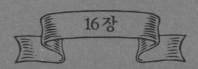

16장

전 세계에 드리운
식량 위기와 전염병의 공포

한나라와 로마는 온난습윤해진 기후 덕분에 대제국으로 거듭났고, 기후가 한랭해지면서 식량난과 전염병의 범유행에 시달린 끝에 결국 몰락했다. 한랭한 기후는 이 두 나라만 흔들거나 몰락하게 한 것이 아니었다. 유스티니아누스 대제의 영도 아래 로마의 강역을 대부분 회복한 동로마는 한랭한 기후가 불러온 전염병의 범유행에 치명타를 입은 끝에 대제 사후 그가 정복한 영토는 물론, 기존 영토마저 크게 잃고 말았다. 화약 제국 명나라를 멸망하게 만든 직접적인 원인 또한 청나라의 철갑기병이 아니라 소빙기 속에서 일어난 이자성의 난이었다.

대제국조차 휘청이다 멸망하게 만든 한랭한 기후는 오늘날에는 적어도 수십 년 안에 다시 오지 않을 것 같다. 온실가스 때문에 지구의 평균 기온은 빠르게 상승해왔고 앞으로 더 상승할 것이다. 이처럼 지구온난화가 이어진다면, 인류는 적어도 식량 위기나 전염병의 범유행으로부터는 일단 한숨 돌릴 수 있을까?

오늘날의 온난화는
왜 풍요와 번영으로 이어지지 않을까

이야기의 초점을 다시 한번 중세 온난기의 유럽으로 돌려보자. 당시 유럽은 오늘날에는 주요 와인 생산지가 아닌 영국에서도 품질 좋은 포도주를 생산할 수 있을 만큼 온난습윤했다. 그런데 최근 한 연구 결과에서는, 지구온난화로 인해 2050년 무렵 다시금 영국이 포도주 생산의 중심지가 될 거라는 예측을 내놓았다.[23] 중세 온난기에 향상된 농업 생산성 덕분에 유럽이 비교적 풍요로운 삶을 누릴 수 있었던 것처럼, 오늘날의 지구온난화도 영국을 비롯한 유럽인들에게 좋은 와인을 즐길 수 있는 풍요를 가져다줄까?

아쉽게도, 이 소식은 와인 애호가들이나 우리 모두에게 장밋빛 예언으로 읽힐 만한 것은 아니다. 되레 암울한 미래를 알리는 불길한 예측에 가깝다. 중세 온난기의 기온 상승 폭은 최대치가 1도 정도였다. 그 덕분에 영국에서는 포도가 대량으로 재배되며 품질 좋은 영국산 포도주가 유럽 전역에서 인기를 끌 수 있었다. 오늘날의 인위적인 요인으로 일어나는 지구온난화 역시 그 정도의 기온 상승에 머무른다면, 중세 온난기처럼 인류 문명에 축복을 가져다줄지도 모른다. 하지만 사태는 그렇지 않다. 오늘날 학자들은 2100년 지구 평균 기온이 1.8~4도까지 오를 거라고 예측한다. 즉, 오늘날의 지구온난화 추세가 계속된다면, 영국이 다시 와인의 중심지가 된다고 하는 2050년 무렵 이후에도 기온이 계속 상승할 가능성이 높다. 이처럼 기온이 계속해서 높아지면 오히려 작물 생산에 적합한 기온의 범위를 넘어버려 포도는 물론 다른 농작물의 생산조차 힘든 환경으로 바뀔 수 있다. 게다가 급격하고 과도한 기온 상승은 이상기후, 사막화, 해안 지대 침수 등 또 다른 극심한 재난까지 몰고 온다. 즉, 이대로 간다면 영국은 21세기 중반에 잠깐 고급 포도주 산지로 명성을 떨칠 수는 있겠지만, 그 이후로는 극심한 자연재해와 식량난을 피할 수 없을 것이다.

요컨대 전근대 사회에서 기후의 온난화가 문명의 성장과 풍요를 가져올 수 있었던 까닭은, 그러한 온난화가 자연스러운 수준으로 인류 문명이 감내할 수 있는 범위 내에서 이루어졌기 때문이다. 자연스러운 수준을 벗어난 온난화는 식량의 생산성을 향상하기는커녕 오히려 저해하며, 심하면 농업이나 축산업 등과 같은 식량 생산의 기반 자체를 파괴할 수도 있다.

지금과 같은 기후변화가 계속될 경우, 수십 년 내에 지구상의 기후 패턴과 지형 분포는 눈에 띄게 달라질 것이다. 앞 장에서 살펴본 사막화와 해수면의 상승처럼, 기후위기 때문에 원래 식량 생산지였던 곳이 식량을 생산할 수 없는 땅으로 바뀌고 있다. 이렇듯 급속한 기후변화 때문에 바닷속에 잠기는 땅과 사막으로 바뀌는 땅이 늘어난다면, 인류는 심각한 식량 위기를 맞닥뜨릴 것이다.

게다가 기온의 과도한 상승과 대기 중 이산화탄소 농도 증가는 농작물의 생장과 생산성에 악영향을 미친다. 프랑스 국립농업연구소의 연구 결과에 따르면, 기온이 4도 상승할 경우 농작물의 생장 기간이 단축되어 식용 가능한 부위의 양이 줄어들면서 옥수수와 밀의 수확량이 각각 20퍼센트, 10퍼센트 감소할 것이라고 한다.[24] 2011년에는 기후변화로 인해 전 세계의 옥수수와 밀 생산량이 1980년에 비해 각각 3.8퍼센트, 5.5퍼센트 감소했다는 연구 결과도 발표되었다.[25] 아울러 과도한 기온 상승과 따듯해진 겨울은 농업 생산성에 악영향을 미치는 병충해의 발생 빈도를 높인다.[26]

축산업과 수산업도 전망이 밝지는 않다. 지구온난화는 축산업에 필요한 사료작물 생산성과 물 공급을 저해할 뿐만 아니라 가축의 생장에 해를 끼치는 해충과 전염병의 발생을 조장하기 때문이다. 수온과 해류, 해수 염도의 변화 역시 어족 자원의 분포를 바꾸는 수준을 넘어 불가사리나 적조 현상 등과 같이 어장을 파괴하는 재난의 발생 빈도를 높이는 원인이다.

기후위기는 이미 세계 각지에서 식량 위기로 이어질 조짐을 보이고 있다. 전 세계 쌀 생산량의 20퍼센트를 차지하는 세계적인 곡창 지대인 베트남의 메콩강 삼각주는 그 대표적인 사례이다. 메콩강 삼각주는 기름진 토질과 풍부한 수자원 그리고 많은 비를 뿌려주는 계절풍 덕분에, 벼농사는 물론 물고기 양식업까지 활발하게 이루어지는 베트남 농수산업의 중추이다. 그런데 최근 들어 지구온난화에 따른 해수면 상승과 이에 따른 바닷물의 역류로 인해 메콩강 삼각주의 논이나 물고기 양식장이 폐쇄되거나 이동하는 일이 적지 않게 일어나고 있다. 더구나 극심한 가뭄, 홍수 등과 같은 자연재해도 잦아져 메콩강 삼각주의 농업에 더욱 큰 위협이 되고 있다.[27] 전문가들은 기후위기로 인해 메콩강 삼각주가 100년 뒤에는 사라질 수도 있다고 경고한다. 이에 따라 베트남 정부는 메콩강 삼각주 보전을 위한 대책 마련에 한화 1조 원 이상의 예산을 투입하고 있다. 세계적인 쌀 생산지인 메콩강 삼각주가 심각할 정도로 파괴되거나 소멸한다면, 베트남 경제는 물론 전 세계 식량 수급에도 심각한 위기가 뒤따를 수밖에 없다.

이러한 문제는 베트남에만 국한된 일이 아니다. 사막화로 인해 심각한 위기에 처한 아프리카나 몽골 등지는 말할 필요도 없고, 유럽 3위의 농업 대국이자 선진국에 속하는 에스파냐의 농업 역시 마찬가지다. 에스파냐는 특히 강수량이 줄어들고 불규칙해진 남부 지역의 토양이 척박해져 심각한 위기를 겪고 있다.[28]

기후위기로 인해 식량을 생산할 수 있는 땅이 줄어들어 생산성이 나빠지면 식량 가격이 오르게 된다. 식량 가격의 상승은 경제적으로 취약한 개발도상국이나 최빈개발도상국, 빈곤 지역 등의 식량난이 더한층 심해지는 결과로 이어진다. 소득 수준이 낮은 해당 지역 영세농의 경제적 기반을 갉아먹고 빈곤을 확산함은 물론이다. 이는 가뜩이나 심각한 선진국과 개발도상국 간의 빈부격차와 불평등을 더욱 심화시키는 악순환을 가져올 것이다.

더욱 심각한 문제는 세계 인구가 날로 늘어나고 있다는 사실이다. 우리나라야 저출생 위기가 중대한 사회문제이지만, 전 세계 인구는 계속해서 증가하는 추세를 보이고 있다. 2022년 세계 인구는 이미 80억 명을 넘어섰고, 유엔은 2050년 세계 인구가 100억 명

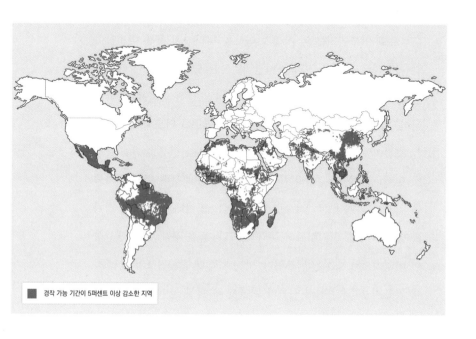

■ 경작 가능 기간이 5퍼센트 이상 감소한 지역

기후변화로 인해 경작 가능 기간이 5퍼센트 이상 감소한
지역의 분포. 아프리카, 동남아시아, 남아메리카 등 경제적
여건이 풍족하지 않은 지역에서 특히 기후위기에 따른
식량생산 저하 문제가 심각하다는 사실을 잘 보여준다.

에 가까워질 거라고 예측한다. 인구는 점점 증가하는데 식량 생산력은 오히려 감소한다면, 인구 부양력은 더욱 나빠질 수밖에 없다.

영국의 인구학자 맬서스Thomas Malthus는 1798년 펴낸《인구론》에 산술급수적으로 이루어지는 식량 생산의 증가 속도가 기하급수적으로 이루어지는 인구 증가 속도를 따라잡지 못해 머지않아 인류가 파국을 맞을 거라는 비관적인 예측을 담았다. 이 때문에 맬서스는 사회복지 축소 및 철폐, 주기적인 전쟁 등과 같은 극단적이고 비윤리적인 방법을 사용해서라도 인구가 과도하게 증가하는 것을 막아야 한다고 주장했다. 다행스럽게도 인류는 아직 맬서스 트랩Malthusian trap이라 불리는, 식량 부족 때문에 인류가 파국에 처하는 위기에 본격적으로 직면하지는 않았다. 20세기에 접어들어 품종개량, 화학비료와 농약의 도입* 등을 통해 식량 생산성이 비약적으로 향상된 덕분이다. 이는 의학과 공중위생의 발달 등과 맞물려 20세기 세계 인류가 대여섯 배 이상 늘어날 수 있도록 해주었다.

하지만 인구는 계속해서 증가하는데 기후위기로 인해 첨단 농법과 기술로도 보완이 어려울 정도로 식량 생산 능력이 감소한다

....

* 　오늘날에는 화학비료와 농약에 거부감이 있는 사람들이 많아서 유기농이나 무농약 농법이 각광받는다. 하지만 화학비료와 농약의 사용은 재래식 농법과는 비교할 수 없을 정도로 농업 생산성을 증대했고, 식량 생산 및 인구 부양력을 혁신적으로 높였다. 농작물 생장에 필수적인 영양소인 질소를 인공적으로 합성하는 방법을 개발해 화학비료가 탄생하는 계기를 마련한 독일의 화학자 하버Fritz Haber는 1918년 노벨 화학상을 받았다.

면, 맬서스 트랩은 결국 기후위기에 취약하고 경제력도 약한 개발 도상국, 빈곤한 지역부터 차례로 현실이 될 가능성이 높다.

맬서스는 《인구론》에서 맬서스 트랩의 도래를 막으려면 우선 인류가 금욕 생활을 통한 산아제한을 실천해야 한다고 역설했다. 기후위기가 현실이 된 21세기 세계에서, 맬서스의 이러한 주장은 중요한 시사점을 제공한다. 인류가 경제적 이윤 추구와 눈앞의 편리함이라는 욕구를 이기지 못하고 기후위기에 대한 실효성 있는 대안을 마련하는 데 실패한다면, 기후위기는 결국 맬서스 트랩이라는 재난을 인류에게 가져다줄 것이다.

뜨거워지는 지구, 만연하는 전염병

전근대의 한랭기에 그랬던 것처럼, 오늘날의 지구온난화 역시 식량 위기뿐만 아니라 전염병의 범유행이라는 또 다른 위기를 불러온다. 전근대에는 추워진 날씨 속에 사람들의 영양 상태와 면역력이 약해지면서 흑사병과 같은 전염병이 유행했다면, 오늘날에는 되레 지나친 온난화로 인해 새로운 전염병이 유행하고 있다. 기온과 강수량 및 습도의 변화 그리고 이에 따른 환경 파괴는 기존 전염병의 전염력과 치명성을 높일 뿐만 아니라 새로운 질병이 생겨나는 중요한 원인으로도 작용하기 때문이다.

기온이 상승하면 말라리아균 등의 병원체와 모기와 같은 전염병 매개체의 개체 수가 증가한다. 지구온난화로 인해 여름이 길어지고 고온다습한 날씨가 이어진다면, 모기떼가 이전보다도 더한층 기승을 부릴 것이다. 그러면 모기가 매개하는 전염병이 발생할 위험성 또한 자연히 높아진다.

게다가 열대성 전염병은 기온이 상승할수록 그 위험성도 커진다. 예를 들어 열대지방의 말라리아는 한반도의 말라리아와는 비교할 수 없을 정도로 치명적이다. 말라리아의 매개체인 모기가 온대보다 열대에서 훨씬 잘 번식할뿐더러, 온대 말라리아를 일으키는 삼일열 말라리아 원충보다 열대에서 말라리아를 일으키는 열대열 말라리아 원충이 훨씬 전염력도 강하고 증상도 심각하기 때문이다. 국내에서는 말라리아가 그다지 치명적인 질병도 아니고 감염자가 많지도 않지만, 말라리아는 전 세계에서 가장 많은 사람을 죽음으로 몰고 가는 전염병이다. 그렇다면 우리나라는 열대성 전염병에 있어서는 그저 안전한 곳일까. 지구온난화는 한반도의 기온도 올린다. 기온이 계속 상승한 끝에 한반도의 기후가 아열대처럼 변한다면, 말라리아는 머나먼 타국의 뉴스가 아니라 한국인의 건강과 생명을 위협하는 일상의 질병으로 다가올 수도 있다.

기후위기에 따른 열대성 전염병의 확산은 불행하게도 미래가 아닌 현재의 일이다. 아프리카, 아메리카 등지의 열대성 풍토병인 뎅기열이 21세기에 접어들어 본래 유행하지 않았던 지역에까지 퍼지기 시작했다. 2000년대 초반 싱가포르, 태국 등에서 일어난 뎅기열 유행은 그 신호탄과도 같았다. 아열대기후에 속하지만 원래 뎅기열과는 거리가 멀었던 이들 지역에서 뎅기열이 유행하면서 수만 명이 넘는 환자가 발생했고 수백 명이 목숨을 잃었다. 기후가 바뀌면서 뎅기열 바이러스가 유행하기 쉬운 환경이 조성되었기 때문이다.[29] 심지어 고산지대로 열대기후와는 거리가 먼 히말라야산맥, 힌두쿠시산맥에서조차 모기의 개체 수와 뎅기열 발생 빈도가 증가한다는 보고가 잇따르고 있다.[30] 지금과 같은 온실가스 배출을 지속할 경우, 2080년에는 말라리아, 뎅기열 등 열대성 전염병의 유행 범위가 북아메리카나 유럽 같은 고위도 지역까지 확산해 전 인류의 80~90퍼센트가 이러한 질병에 시달릴 가능성이 크다는 경고까지 나오고 있다.[31] 지나치게 온난해진 기후는 흑사병과 같은 전염병의 위험성을 줄이기는커녕, 예전 같으면 열대성 전염병을 걱정할 필요조차 없었던 지역에까지 그 위험을 늘리고 있다.

기후위기는 환경 파괴와 함께 새로운 전염병까지 만들어낸다. 최근 들어 기후변화, 난개발 등으로 인해 야생동물의 서식지가 파괴되면서 야생동물이 인류와 접촉하는 일이 증가하고 있다. 인도, 동남아시아 등지에서는 호랑이, 표범, 비단뱀 등의 대형 맹수가 사람을 습격하는 일이 잇따르고 있다. 서식지를 잃은 맹수들이 어쩔 수 없이 민가 근처로 먹이와 삶터를 찾으러 내려오는 데서 빚어진 비극이다. 야생동물과 인간의 접촉이 늘어나는 현상은 맹수의 인간 습격 정도로 끝나지 않는다. 본래 야생동물이 갖고 있던 전염병이 인간에게까지 옮으면서 인류는 과거에는 상상조차 못한 신종 전염병에 시달리게 되었다. 1980~1990년대 세계를 공포에 몰아넣었던 후천성면역결핍증 AIDS 은 본래 아프리카 원숭이의 전염병이었다. 사스, 메르스, 코로나19 등도 마찬가지로 야생동물이 매개한 신종 전염병이다. 인류는 이러한 신종 전염병에 대한 치료제는커녕 면역력조차 제대로 갖추고 있지 못하다. 신종 전염병의 범유행이 닥치면 인류 사회는 막대한 피해를 입을 수밖에 없다.

지구온난화로 인한 극지의 빙하와 영구동토층*의 감소 역시 신종 전염병을 전 세계에 확산할 위험성을 높인다. 수만 년이 넘는 오랜 시간 동안 얼음 속에 갇혀 있던 각종 병원체가 풀려나오기 때문이다. 영구동토층이 녹으면서 대기 중에 풀려나온 독감 바이러스가 변이하여 코로나19 범유행이 일어났다는 연구 결과도 있다.[32] 빙하의 후퇴와 감소는 세계의 지형도뿐만 아니라 질병 지도까지도 부정적인 방향으로 변화시킬 수 있는 셈이다.

2022년에 발표한 한 연구에서는 기후위기와 이로 인한 환경 파괴, 인간과 야생동물 간의 접촉 증가가 현재의 추세대로 이어진다면 2070년에는 무려 1만 5,000종의 신종 전염병이 등장할 거라고 예상한다.[33] 이 가운데 1퍼센트만이 치명적인 전염병이라고 쳐도 150종이나 된다. 코로나19 유행 한 번으로 무려 2년이 넘도록 세

....

* 극지, 고산지대 등에 분포하는, 2년 이상 토양 온도가 0도 이하를 유지하여 사시사철 얼어붙어 있는 지형을 말한다.

계 경제와 사회가 마비되다시피 했는데, 100종도 넘는 치명적인 신종 전염병이 발생하고 유행한다면 그 피해가 어느 정도일지는 굳이 설명할 필요도 없다.

흑사병이나 천연두가 옛이야기가 되어버린 21세기에 접어들어 인류는 코로나19, 사스, 메르스, 신종플루 등과 같은 새로운 전염병의 출현과 유행으로 수많은 고통을 겪고 있다. 의학과 영양 상태의 획기적 개선은 구시대의 인류를 심각하게 위협했던 전염병을 꽤나 성공적으로 물리쳤지만, 그 와중에 교란당한 지구 기후는 듣도 보도 못했던 또 다른 전염병들을 인류에게 가져다주었다.

전근대 한랭기에 이루어진 전염병의 범유행은 인구를 감소시키고 거대한 제국조차 몰락하게 했지만, 기후가 다시 온난해지면 전염병의 위험성도 자연히 잦아들었다. 하지만 온실가스 때문에 자연스러운 수준을 넘어설 정도로 온난해진 기후는 치명적인 열대성 전염병이 세계 각지로 퍼져 나가게 함은 물론 현대의학으로도 감당하기 힘든 신종 전염병까지 출현시켰다. 우리는 이미 코로나19의 범유행을 몸소 겪었다. 코로나19 백신과 치료제를 개발하기 위해 전 세계가 현대의학의 정수를 모조리 쏟아부었음에도 코로나19 범유행은 여전히 인류를 집요하게 괴롭히고 있다.

기후위기가 계속된다면, 코로나19 못지않은 혹은 그보다 더 심한 전염병의 범유행이 이어질 가능성이 크다. 코로나19가 그랬듯이, 기후위기가 불러올 새로운 전염병 역시 의학의 발전만으로는 온전하게 대처하기 어려울 수 있다. 미래의 의학 발전을 압도할 정도로 치명적인 전염병의 유행이 이어진다면, 중세 흑사병과 같은 미증유의 재난이 미래에도 일어날지 모른다. 코로나19와 같은 전 세계를 마비시킨 전염병의 범유행이 되풀이되는 일을 막으려면, 의학이나 보건뿐만 아니라 기후위기에 대처하는 데에도 진지하게 주목해야 한다.

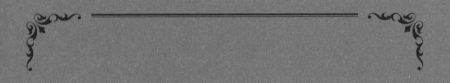

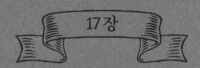

전쟁과 테러리즘,
기후 안보 비상사태

방글라데시에서 태평양에 이르는, 고도가 낮은 수많은 섬이 이미 상승한 해수면 아래로 삼켜지고 있습니다. ⋯ 우리는 오늘날 전 세계적으로 기후 난민의 수가 증가하고 있음을 목도하고 있습니다. 저는 해안경비대 여러분이 이러한 문제에 대처할 수 있어야 한다고 확신합니다. 한층 더 극심해진 가뭄으로 인해 도처에서 식량과 물 부족이 악화되고, 자원을 둘러싼 경쟁이 과열되며, 대규모 이주와 새로운 갈등이 늘어날 것입니다. 펜타곤이 기후변화를 '위협을 증폭하는 요인threat multiplier'이라 부르는 까닭은 바로 이 때문입니다. 기후변화가 세계 각지에서 일어나는 분쟁의 원인이 아님은 당연히 인지해야 합니다. 하지만 테러집단 보코하람이 심각한 가뭄으로 인한 나이지리아의 불안정을 악용하고 있다는 사실 역시 우리는 잘 알고 있습니다. 가뭄과 흉작, 식량 가격의 앙등은 시리아의 불안에 기름을 끼얹어 중동의 심장부에서 내전이 일어나게끔 만들고 말았습니다.[34]

버락 오바마 전 미국 대통령이 2015년 5월 20일 열린 미국 해안경비대 사관학교 졸업식에서 행한 축사의 일부이다. 이 축사에서 주목할 만한 부분은 기후위기를 미국과 세계의 안보에 대한 중대한 위협으로 언급하고 있다는 점이다. 전근대의 한랭화가 분쟁과 반란, 전쟁이 일어나는 중요한 배경으로 작용했듯이, 오늘날의 기후위기 역시 세계 안보의 위협을 증폭하는 안보상의 위기로 대두하고 있다.

오바마 전 대통령의 축사에서 더욱 눈길이 가는 부분은, 보코하람Boko Haram[*]이 가뭄을 악용한다는 사실을 언급한 점이다. 극심한 가뭄이나 사막화 등 기후위기가 불러온 재해는 말할 필요도 없이 지역사회, 나아가 인류 문명의 지속가능성을 흔드는 중대한 재난이다. 기후위기는 어째서 보코하람과 같은 극단주의 테러집단에게 위기는커녕 오히려 기회를 제공하는 것일까? 기후위기 시대에 폭력과 극단적인 사상을 앞세우는 위험한 세력이 되레 힘을 얻는 까닭은 어째서일까?

....

* 2002년 결성된 나이지리아의 이슬람계 극단주의 테러집단. '보코하람'이란 나이지리아 북부에서 널리 쓰이는 언어인 하우사어로 '서구식 교육은 죄악'이라는 뜻이다. 이들은 그 명칭에 걸맞게 서구 문명을 철저히 배격하며 테러 행각을 이어가고 있다. 2014년 나이지리아 여학교를 점거해 학생 300명을 납치한 뒤 강제 결혼, 성매매 등의 대상으로 삼는 테러 행위를 저질러 전 세계에 악명을 떨친 이들은 같은 해 ISIL과 동맹을 맺었다. 보코하람은 그들의 교리를 따르지 않는 나이지리아와 인접 국가의 민간인은 물론, 나이지리아 군경을 상대로까지 테러를 이어가며 나이지리아와 아프리카의 치안을 크게 위협하고 있다.

전쟁과 테러,
극단주의를 부채질하다

1991년 소련 해체와 더불어 냉전 체제가 완전히 종식됨에 따라 수많은 사람이 앞으로의 세계에는 핵전쟁이나 대규모 전쟁의 위협이 사라지고 민주주의와 평화가 정착하리라는 희망에 부풀었다. 소련이라는 거대한 적이 사라진 유럽 각국은 막대한 예산을 소모하는 군대를 감축했고, 옛 공산권 국가들은 경제성장을 위해 미국이 주도하는 자본주의경제 질서에 제 발로 들어갔다. 언론 매체는 이념 대결의 시대는 끝났다는 사설과 보도자료를 연이어 발표했다. 소련이 무너진 해에 영국의 유명 록그룹 스콜피온스는 대립과 전쟁의 시대가 끝나고 화해와 평화의 시대가 찾아오리라는 가사를 담은 곡 〈Wind of Change〉를 발표해 세계적인 인기를 얻기도 했다.

현실은 이러한 희망과는 다른 방향으로 나아갔다. 21세기에 들어와 지구촌의 방방곡곡에서는 민족과 종교의 이름을 내건 극단주의 세력과 테러집단이 준동하고 있으며, 전쟁 또한 끊이지 않고 있다. 왜 그럴까? 물론 그 직접적인 원인은 미국과 서유럽 중심의 세계경제 질서가 가져온 불평등과 부조리함, 냉전 체제 아래 억눌려왔던 민족집단이나 종교의 갈등 표출, 냉전 종식 뒤에도 이어진 세계 각지의 독재정치가 불러온 부조리 등에서 찾을 수 있다. 미국의 정치학자 새뮤얼 헌팅턴이 21세기에는 전 세계적인 문명의 충돌이 빚어지리라고 예측했던 것처럼 말이다.

이처럼 분쟁과 전쟁, 테러리즘이 이어지고 극단주의가 횡행하는 배경에는, 오바마 전 미국 대통령이 언급한 것처럼 기후위기 또한 자리 잡고 있다. 아프리카, 중동 등지는 지구온난화가 불러온 심각한 가뭄에 시달리고 있다. 이러한 재난은 이미 일어난 전쟁이나 정치적 혼란 등과 맞물려 해당 지역에 심각한 경제적·사회적 어려움을 안긴다. 소빙기로 인해 기근과 전염병에 시달렸던 후한과 명나라의 백성들이 태평도에 심취하거나 난을 일으켰던 것처럼, 오늘날에도 기후위기에 따른 가난과 혼란을 이기지 못하고 분쟁을 일으키거나 극단주의 세력, 테러집단에 동조하는 사람들이 늘어가고 있다. 이라크 레반트 이슬람 국가ISIL, 탈레반, 보코하람 등이 전 세계의 비난은 물론 미국이 주도하는 국제사회의 대대적인 공격과 진압에도 불구하고 위축되거나 소멸하기는커녕 명맥을 잇고 세력을 확장할 수 있는 까닭은, 이러한 기후위기와 매우 밀접한 연관이 있다.

시리아 내전은 기후위기가 초래한 전쟁의 대표적인 사례이다. 시리아 내전의 시초는 알아사드Bashar al-Assad 독재정권에 대항해 2011년 3월 일어난 전국적인 민주화 시위였다. 시리아의 민주화 시위는 알아사드 정권의 공고한 권력 기반 그리고 중동과 동지중해에서 지정학적 입지를 다지려는 미국, 러시아, 튀르키예 등의 개입으로 인해 독재정권 타도와 민주주의 정부 수립을 이루지 못하고 무려 10년이 넘도록 이어지는 내전으로 비화하고 말았다.[35]

이처럼 시리아에서 내전이 일어나 이토록 오랫동안 이어지고 있는 데에는 2007~2010년에 걸쳐 시리아에 닥친 역사상 최악의 가뭄이 큰 영향을 미쳤다. 극심한 가뭄이 계속되면서 수많은 시리아 농민이 고향을 버린 채 일자리를 찾아 도시에 몰려들었다. 그런데 농촌에서의 삶터와 경제적 기반을 빼앗긴 그들은 도시에서도 불안정하고 빈곤한 삶으로 내몰릴 수밖에 없었다. 가뭄이 길어지면서 알아사드 정권에 대한 시리아 국민의 불만과 반감은 이전과 달리 권력이나 무력으로 억누르기 어려울 정도로 팽배해졌고, 이에 아랍의 봄까지 더해지면서 결국 시리아 내전이 발발하는 결과로 이어졌다.[36]

물론 시리아 내전의 직접적인 원인은 기후위기보다는 독재정권과 민주화 세력 간의 갈등과 대립 그리고 시리아의 지정학적 상황에서 찾아야 할 것이다. 기후위기로 인한 난민의 규모가 과장되었다는 근거를 제시하며, 기후위기가 시리아 내전에서 실제로는 그리 주요한 영향을 미치지 않았다는 연구 결과도 있다.[37] 하지만 수년 동안 이어진 가뭄과 흉작이 40년 동안 대를 이어 독재 체제를 공고히 이어왔던 알아사드 정권에 심대한 타격을 입혀 내전이 일어나는 기폭제로 작용했다는 점에서, 시리아 내전은 기후위기가 안보 문제와 직결될 수 있음을 보여주는 중요한 사례라고 볼 수 있다.

기후위기는 어떻게
위험 세력에게 기회를 주는가?

2010년대 중후반 전 세계를 경악하게 했던 이라크의 테러집단 ISIL의 팽창 역시 기후위기의 덕을 본 측면이 다분하다. 물론 ISIL의 급속한 성장과 준동의 1차 원인은 이라크 전쟁 그리고 전후 미국에 의해 수립된 이라크 신정부의 민사작전 및 민심 수습 실패에서 찾아야 할 것이다. 상세히 말해서 미군은 첨단 무기와 정예 병력을 동원해 후세인 정부를 신속히 전복하는 데는 성공했지만, 미국 및 서방 세계와는 종교, 문화, 민족 정체성 등이 크게 다른 이라크인의 민심을 다독이는 데는 실패했다. 게다가 이라크인이 아닌 미국의 지지를 받아 수립된 이라크 신정부 역시 후세인 정권 몰락 후의 혼란과 분열을 적절히 수습하지 못했다. 그러다 보니 수많은 이라크인에게는 미국과 이라크 신정부가 후세인 독재정권을 몰아내고 민주주의를 가져다준 해방자가 아니라 서구의 침략자와 그들의 앞잡이였던 것이다. 이에 더해 시리아 내전으로 인해 발생한 수십만 명이 넘는 난민이 이라크 국경을 넘어오는 일까지 일어났다. ISIL은 이처럼 미국과 이라크 신정부에 대한 반감을 품은 지역과 그 사람들 그리고 시리아 난민들을 원동력 삼아 탄생하고 성장할 수 있었다.[38]

그렇게 성장한 ISIL은 수적으로도 크게 우세할 뿐만 아니라 미국으로부터 공여받은 최첨단 장비로 무장한 이라크 신정부의 정예부대와 특수부대까지 여러 차례에 걸쳐 패퇴시키면서 한때 이라크 영토의 상당 부분을 차지했다. 이들은 이라크와 시리아에 닥친 가뭄을 무기로 삼았기 때문에 테러조직 수준을 넘어 강력한 군사국가 수준으로까지 힘을 키울 수 있었다. 미국과 이라크 신정부가 이라크 각지의 치안과 빈곤, 가뭄 문제를 효과적으로 해결하지 못하는 틈을 타, ISIL은 이러한 지역에 식수 공급 시설과 의료 시설 등을 설치했고, 빈곤과 실업에 시달리던 주민에게 일자리까지 제공해주었다. 기후위기로 심각한 어려움을 겪고 있던 지역 주민들은 이라크 신정부가 아닌 ISIL을 지지했고, 그 결과 ISIL은 한때 이라크 정부에 치명적인 위협을 가하는 거대한 세력으로 떠오를 수 있었다. 극악무도한 테러 행각을 일삼는 ISIL이 몇 년 동안이나 그토록 큰 세력을 떨칠 수 있었던 배경에는 이처럼 가뭄, 즉 기후위기에 적절하게 대처하지 못했던 미국, 이라크 신정부와 달리 기후위기를 무기로 삼는 데 성공했던 ISIL의 차이도 중요하게 작용했다.[39]

보코하람 역시 그 세력이 등장하고 성장하는 데 기후위기의 덕을 본 측면이 크다는 점에서 ISIL과 비슷하다. 기후위기가 일으킨 가뭄은 난개발 등과 맞물리며 나이지리아의 중요한 수자원 공급처인 차드호를 심각할 정도로 마르게 했고, 나이지리아 정부는 이로 인한 빈곤, 식수 및 용수 부족, 사회적 혼란 등의 위기에 효과적으로 대처하지 못했다. 이러한 기후위기와 수자원 부족 문제는 이슬람 극단주의를 내세운 테러집단 보코하람이 정부군조차 위협할

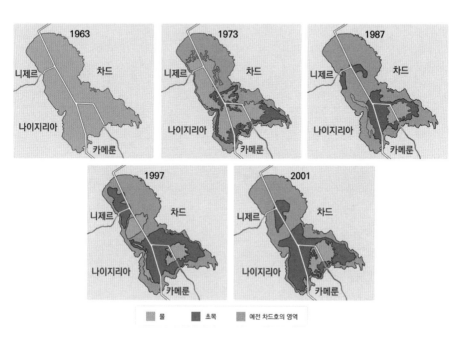

20세기 후반 이후 차드호의 면적이 크게 줄어들면서
나이지리아는 용수 확보와 경제에 치명타를 입었고,
이는 반정부 이슬람 극단주의 테러집단 보코하람이
정부군조차 위협할 정도로 성장하는 데 큰 영향을 미쳤다.

정도로 거대한 조직으로 성장하며 테러조직으로 자리 잡는 데 기여했다.[40]

21세기 세계를 위협하는 전쟁과 테러리즘이 오로지 기후위기 때문에 일어난다고 단정 짓기는 어렵다. 하지만 마찬가지로 기후위기가 전쟁의 발발과 테러집단의 성장에 심대한 영향을 미치고 있음을 부정하기도 어렵다. 전근대 시대의 기후변화가 황건적의 난, 이자성의 난 등과 같은 민란을 초래해 한나라와 명나라 같은 대제국을 무너뜨렸다면, 오늘날의 기후위기는 세계 각지의 전쟁과 분쟁, 테러리즘을 조장해 세계의 평화와 안보, 민주주의를 크게 위협하고 있다.

기후 안보, 국제사회의 새로운 어젠다

기후위기는 전쟁과 테러리즘을 조장하고 악화하는 결과로도 이어진다. 기후위기로 인해 식량, 물 등이 부족하고 환경이 파괴되면, 각국의 사회와 치안이 불안정해져 국제 분쟁과 전쟁이 발발할 가능성이 커지기 때문이다. 실제로 2010~2019년에는 수자원 확보를 둘러싼 분쟁과 무력 충돌이 무려 466건이나 일어났는데, 이는 2000~2009년의 220건을 무려 두 배 이상 뛰어넘는 수치이다.[41] 시리아 내전이나 ISIL, 보코하람의 준동이 기후위기의 영향을 받은 사례라면, 이제는 기후위기가 분쟁이나 전쟁의 직접적인 원인으로 나타나는 사례가 실제로 일어나고 있는 셈이다.

이 때문에 오늘날 세계 각국의 정부와 학계에서는 기후 안보의 중요성에 주목하고 있다. 기후위기가 안보에 실질적인 위협이 되고 있기 때문이다. 당장 유엔 안보리가 2000년대 이후 여러 차례에 걸쳐 기후위기에 따른 식량과 수자원 부족, 에너지와 자원 문제, 기후 난민의 발생 등에 대한 대책을 마련하기 위한 회의를 진행해 이에 대한 모색을 논의했다. 유럽연합EU 국가들 또한 기후 난민의 유입에 따른 치안과 안보 환경의 위협에 대한 대책을 모색하고 있다. 미 육군은 기후위기에 따른 전장 환경의 변화, 군사시설의 피해, 새로운 양상의 분쟁 증가 등에 대처할 방안을 여러 해에 걸쳐 연구해오고 있다. 기후위기는 국경을 넘어 전 세계적으로 일어나는 문제인 만큼, 이처럼 국제사회가 나서 기후 안보 문제에 대처할 수 있는 새로운 형태의 안보 협력과 공조를 위해 노력하고 있다.

우리나라에서도 기후 안보는 현실의 문제로 떠오르고 있다. 이 때문에 수자원과 식량 확보, 자연재해의 빈발 등에 대처할 방안을 학계와 정부기관에서 모색하고 있다. 국가안보 하면 기존에는 국방이나 남북 관계, 간첩이나 무장공비 등을 쉽게 떠올렸지만, 앞으로는 이뿐만 아니라 기후위기에 대한 대처도 포함해 중요하게 다루어질 필요가 있다.

제2차 세계대전이 끝난 뒤, 국제사회는 전쟁의 위협을 최소화하기 위해 유엔을 창설했다. 유엔 평화유지군은 한국전쟁을 비롯한 수많은 전쟁과 분쟁에 참전했고, 비판과 논쟁의 여지도 있지만, 전쟁의 확산을 저지하고 평화 체제를 수립하는 데 적지 않게 이바지해왔다. 아울러 냉전기에 미국과 소련은 전쟁의 위협에 대비해 각각 북대서양조약기구NATO 과 바르샤바조약기구WTO 라는 집단안보기구를 창설했고, 그중 나토는 냉전 체제가 종식된 오늘날에도 미국과 서구 세계의 집단안보기구로 활동해오고 있다. 앞으로의 국제기구와 집단안보기구는 전쟁과 분쟁 자체뿐만 아니라 기후위기라는 또 다른 안보 위협에도 대처해야 할 것이다.

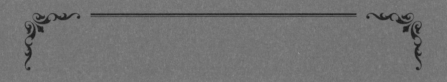

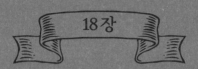

18장

인류세는 대멸종을
과연 피할 수 있을까?

2019년 9월 23일, 스웨덴의 환경운동가 그레타 툰베리 Greta Thunberg 는 유엔 기후행동 정상회담에서 말뿐인 기후변화 관련 정책 대신 기후위기에 실효성 있는 대안을 마련하고 실천에 옮겨야 한다는 내용의 연설을 했다. 이미 그전 해에 스웨덴 국회의사당 건물에서 기후학교 파업을 주장하는 1인 시위를 벌여 환경운동가들로부터 주목받은 바 있는 툰베리의 연설은, 전 세계적인 반향을 불러일으키며 기후위기에 대한 사람들의 경각심을 한층 높였다.

기후위기에 문제의식을 느끼고 대안을 모색하는 것은 툰베리 개인 또는 일부 환경단체에 국한된 일이 아니다. 오늘날에는 전 세계적으로 온실가스 감축과 기후위기 대처를 위한 노력이 적극적으로 이어지고 있으며, 제도적으로 정착하고 있다. 하다못해 이윤추구를 제일의 가치로 여기는 기업도 환경과 사회에 대한 기여를 중시하는 ESG Environmental, Social and Governance 경영에 주목하고, 이를 경영에 접목하려 노력하고 있다.

이처럼 기후위기에 대한 경각심이 인류 사회 전반에 퍼져 가고 이에 대처하기 위한 노력 역시 실천에 옮겨지고 있으니, 인류는 기후위기라는 거대한 도전을 슬기롭게 극복할 수 있을까? 기후변화가 지금과 같은 추세로 계속된다면, 2100년 세계는 평균 기온이 최대 4도까지 오르고 해안 저지대가 침수되며 사막화와 신종 전염병의 범유행에 시달릴 거라고 예측하고 있다. 기후위기에 대처하는 인류의 적극적인 노력은 이러한 비관적이고 우울한 예측을 빗나가게 만들 수 있을까? 그래서 2100년에는 21세기 초의 기후위기가 한낱 기우에 불과했다고 회상할 수 있을까?

인위적 기후변화에
본격적으로 대응하다

1950년대에 접어들며, 인류가 자행한 환경 파괴는 인류에게 눈에 보이는 피해를 되돌려주기 시작했다. 1952년 12월 5~9일에 일어난 런던 그레이트 스모그는 무려 1만 명도 넘는 런던 시민의 목숨을 앗아갔고, 비슷한 시기 아프리카 사헬 지대에서는 사막화로 이어질 유례없이 극심한 가뭄이 지속되었다. 20세기 후반부터는 지구 평균 기온의 급속한 증가, 해수면 상승, 해수·대기 순환의 교란에 따른 자연재해 증가 등 인위적 기후변화와 이에 따른 피해가 현실로 나타났다.

인위적인 기후변화가 현실에서 여러 문제를 빚기 시작하면서 인류는 과도한 산업 활동에 따른 온실가스 배출과 환경 파괴, 급속하고 과도한 기후변화가 인류의 존속과 미래를 위협할 거라는 위기의식에 눈뜨게 되었다. 이에 따라 유엔은 1988년 스위스 제네바에 본부를 둔, 각계 전문가 3,000명으로 구성된 기후변화에 관한 정부간 협의체Intergovernmental Panel on Climate Change, IPCC를 설치했다. IPCC는 방대한 자료 조사와 분석을 통해 온실가스 배출이 지구의 미래에 어떤 영향을 줄 것인가를 구체적으로 예측한 연구 결과와 보고서를 지속적으로 발표하고 있다. 특히 2001년 발표된 IPCC 제3차 보고서에서는, 온실가스 배출과 환경오염이 지금과 같은 추세로 이어진다면 21세기에는 지난 1만 년간 일어난 기후변화보다도 더욱 심한 기후변화가 일어날 거라고 예측해 전 세계 기후변화에 대한 경종을 울렸다.[42]

IPCC의 활동은 교토 의정서(1997년 채택, 2005년 공식 발효), 파리 기후협약(2015년 유엔 채택) 등과 같은, 기후위기 해결을 위한 국제사회의 적극적이고 실효성 있는 공조로 이어졌다. 교토 의정서는 미국, EU, 일본 등 40개 선진국을 중심으로 2020년까지 온실가스 배출량을 1990년 대비 최대 40퍼센트까지 감축하는 한편, 신재생에너지 등 기후위기에 대처할 수 있는 친환경 산업을 육성한다는 목표를 명문화했다. 이를 위해 온실가스 배출을 제도적으로 규제하고 온실가스를 대폭 감소한 기업 등에 혜택을 주는 탄소 배출권 거래 제도 등 구속력 있는 제도적 장치도 마련했다. 아울러 2020년 효력이 만료되는 교토 의정서를 대체할 파리 기후협약은 그 적용 범위를 전 세계 국가의 대부분인 195개국으로 확대했고, 선진국과 개발도상국 간의 협력과 자금 지원을 통해 21세기 말까지 예상되는 지구 평균 기온 상승을 2도 미만으로 억제*한다는 목표를 설정했다. 이를 위해 파리 기후협약은 미국과 EU에 각각 2005년/1990년 대비 온실가스 배출량을 28퍼센트/40퍼센트 줄이도록 하는 등의 의무조항을 신설했다. 한국도 온실가스 배출량을 2030년 배출 전망치 대비 37퍼센트 감축해야 한다.

교토 의정서와 파리 기후협약은 기후위기에 대한 인류 사회의 본격적인 대응이라는 점에서 고무적이다. 온실가스 배출량 감축과 지구 평균 기온 상승 억제의 목표치를 구체적으로 명문화한 점도 의미 있는 일이지만, 이러한 목표를 달성하기 위한 국제사회의 공조를 실질적으로 모색하고 구속력 있는 제도적 장치를 마련했다는 점에서 특히 주목할 만하다. 왜냐하면 기후위기는 그 특성상 몇몇 나라의 노력만으로는 실질적인 해결이 어렵고, 전 세계의 적극적인 협력과 공조가 이루어져야 할 문제이기 때문이다. 게다가 기후위기 해결을 위한 노력은 당장 눈앞에 보이는 이익을 충족하기는커녕 되레 경제적 손해로 여겨질 여지가 크다. 선진국 주도의 국제적 공조와 구속력 있는 장치 없이 그저 '자율에만 맡기는' 식으로는 기후위기에 대한 실효성 있는 대처로 이어지기 어렵다. 이

....

* 지구의 평균 기온이 2도만 상승해도 전근대에 이루어진 기후변화를 훨씬 상회하는 재해나 기후변화가 일어날 가능성이 크다. 하지만 21세기 말 지구의 평균 기온이 최대 4도까지 상승할 수 있다는 연구가 계속 발표되고 있을 뿐만 아니라 온실가스 배출의 감소에 현실적인 어려움이 매우 크다는 사실을 감안하면, 이러한 목표치는 현실적으로 타당하다고 볼 수 있다.

러한 점에서 교토 의정서와 파리 기후협약은 인류 사회의 기후위기 대처에 있어 중요한 전환점을 마련했다.

지속가능한 발전은 과연 가능할까?

아울러 유엔이 1987년 설립한 세계환경개발위원회 World Commission on Environment and Development 에서는 같은 해 '지속가능한 발전 sustainable development'이라는 개념을 발표했다. 이 개념은 경제 발전을 완전히 도외시할 수는 없지만, 기후위기와 환경 파괴는 인류의 존속 자체를 위협할 수 있으니 기후와 환경을 보호하는 범위 안에서 경제 발전을 시도해야 한다는 내용을 골자로 한다. 경제 발전과 환경 보전, 기후위기 대처라는 두 가지 과제를 상충하는 것이 아닌 조화를 이룰 수 있는 것으로 재규정함으로써 환경 보전과 기후위기 대처에 대한 패러다임을 혁신적으로 전환한 것이다. 단순히 경제의 규모와 이윤을 늘리는 것이 발전이 아니며, 환경을 보전하고 기후위기에 대처하며 인류 사회의 지속을 담보할 수 있을 때 진정한 발전이 이루어질 수 있다. 이렇게 지속가능한 발전 패러다임은 기후위기와 환경 파괴가 현실이 된 오늘날과 미래 사회에 경제와 사회의 발전을 어떻게 해나가야 할지에 대한 중요한 통찰을 던졌다. 오늘날에는 '지속가능한 발전' 또는 '지속가능성'

이라는 화두가 이미 일상에 자리 잡았다. 지속가능한 발전 개념은 사람들로 하여금 경제성장만이 능사가 아니며, 환경이 온전하게 보전될 수 있을 때 경제성장도 의미가 있다는 인식을 심어주었다. 이와 같은 인식이 인류의 기후위기에 대한 경각심 그리고 기후위기에 대처할 필요가 절실하다는 자각으로 이어지고 있음은 굳이 재차 강조할 필요도 없다.

　세계 각국에서는 이미 환경문제와 기후위기의 해결을 위시한 정치 세력이 등장할 만큼 공론화되었다. 유럽에서는 녹색당, 생태 녹색당 등의 세력이 무시하기 어려울 정도로 커졌다. 미국 제48대 부통령 앨 고어가 퇴임한 뒤 적극적인 환경운동을 펼치며 기후위기 개선에 많은 이바지를 했다는 사실 역시 널리 알려져 있다. 미국 캘리포니아 주지사를 지낸 할리우드 톱스타 아널드 슈워제네거도 환경 관련 의제에 비교적 소극적인 공화당 출신임에도 불구하고, 주지사 재직 시절 기후위기 해결과 환경 보전에 적극적인 행보를 취한 바 있다. 캘리포니아주가 산불, 이상고온, 가뭄 등 기후위기가 불러온 피해를 적지 않게 입었기 때문이다. 2000년대 이후 우리나라의 유력 정치인들이 온실가스 배출 감소, 환경 보전 등의 공약을 중시해오고 있는 이유, 그리고 2022년 조 바이든 미국 대통령이 파리 협약이 규정한 수준을 넘어 2030년까지 미국의 온실가스 배출량을 절반으로 감축하겠다고 공언한 까닭도 바로 같은 맥락이다. 우리나라에서 최근 들어 화석연료 사용량 감축을 위해 신재생에너지, 전기차나 수소차 개발 등에 박차를 기울이고 있는 것 또한 이러한 세계적인 추세와 무관하지 않다.

기업의 환경과 사회적 기여를 중시하는 ESG 경영을 적극 수용하는 기업체도 늘고 있다. ESG 경영이 세계 경제와 산업에서 차지하는 중요성이 커짐에 따라 우리나라에서도 ESG의 확산을 정책적으로 추진하고 있으며, 다수의 기업체가 ESG 개념을 실제 기업 운영에 접목하고 있다.[43] 환경 보전과 기후위기 대처가 기업과 경제의 희생이 아닌 이윤 확대와 발전으로 이어질 수 있다는 인식은 기후위기에 대한 실효성 있는 대안을 마련하는 데 큰 도움을 줄 수 있다. 사람들 특히 기업체가 기후위기 해결에 적극적으로 나설 동기가 커지기 때문이다.

한편으로 첨단기술을 활용하는 등 인위적인 노력을 통해 기후변화의 확산을 실질적으로 저지하려는 움직임도 이루어지고 있다. 신재생에너지나 전기차·수소차의 개발은 그 대표적인 사례이다. 극지 빙하의 유실과 해수면 상승을 최소화하기 위해 극지에 대규모 제방을 축조한다는 아이디어[44]도 이러한 맥락에서 나온 것이다. 아울러 오늘날에는 식물을 대규모로 심어 사막화의 확대를 저지하려는 시도도 이어지고 있다. 일례로 에티오피아 등 아프리카의 20여 국가들은 사헬 지대에 식물을 대규모로 심는 초록장벽 The Great Green Wall 을 조성해 사막과 사헬의 확산을 저지한다는 계획인 사하라 & 사헬 이니셔티브ssi, Sahara and Sahel Initiative 를 추진해오고 있다.[45] 국내의 여러 기업체와 시민단체 역시 몽골, 중앙아시아 등지에서 나무 심기 운동을 장기간에 걸쳐 실천해오고 있다.

기후위기를 한낱
기우로 만들기 위하여

오늘날의 세계가 기후위기로 인한 피해와 재난을 최소화하기 위해 다각적인 노력을 기울이고 있음에도 불구하고, 아직 기후위기가 획기적으로 개선되는 조짐을 찾기는 어렵다. 툰베리의 연설이 시사하듯, 기후위기 극복을 위한 인류 사회의 노력은 여전히 부족하고 부실한 점이 많기 때문이다.

왜 기후위기 극복은 여전히 인류에게 요원한 일일까? 여러 이유가 있지만, 가장 근원적인 문제는 경제적 이해관계와 인구에서 찾을 수 있다.

비록 ESG, 친환경, 신재생에너지 등이 경제와 산업 부문에서 중요한 키워드로 부상하고 있으나, 기후위기에 대한 대처는 여전히 경제적으로 기회보다는 부담을 가져다주는 측면이 크다. 전 세계 온실가스 배출량의 3분의 1가량을 차지하는 미국이 지난 2001년 교토 의정서의 온실가스 배출 감축 의무 이행 포기를 선언하고 교토 체제에서 탈퇴한 것은 이러한 어려움을 보여주는 상징적인 사건이다. 기후위기 해결보다도 산업이나 경제 등이 자국의 이해관계에 더 중요하다는 판단 때문이었다. 기업들 또한 마찬가지이다. 당장 우리나라만 보더라도 여전히 많은 기업체가 ESG에 대한 이해 부족, 각종 비용에 대한 부담 등으로 인해 ESG 경영을 외면하거나 형식적인 수준으로만 받아들이고 있다.[46]

친환경 산업이나 신재생에너지 등의 한계도 무시하기 어렵다. 예를 들어 풍력이나 태양광 발전 등은 기존의 화력발전 등에 비해서는 온실가스나 오염물질 배출량이 적지만, 이들 역시 온실가스를 배출하고 환경오염을 유발하며 더구나 에너지 생산 효율도 낮다는 문제점이 있다. 화력발전, 내연기관 자동차 산업 등 기존의 산업과 관련된 이해관계 역시 간과하기 어렵다. 요컨대 지속가능한 발전이라는 개념은 기후위기와 환경문제 해결에 매우 이상적인 방향을 제시하지만, 지속가능성과 발전이라는 두 마리 토끼를 잡아야 하는 만큼 많은 어려움이 따르는 게 현실이다. 파리 기후협약은 가입국 간의 이해관계 충돌로 인해 목표한 내용을 충실하게 실천하는 데 어려움을 겪고 있으며, 그 이전에 교토 의정서에서 합의한 온실가스 배출 감축 목표 또한 어느 정도 의미 있게 실천한 나라가 영국과 독일 정도였다.[47] 이러한 사례들은 경제적·정치적 이해관계가 기후위기에 대한 효과적인 대처를 가로막고 있다는 점을 잘 보여준다.

지나치게 많은 인구도 기후위기를 더욱 악화시키고 있다. 설령 온실가스를 획기적으로 줄일 수 있는 '기적적'인 기술이나 제도가 마련된다고 하더라도, 인구가 많으면 온실가스의 대량 배출은 이어질 수밖에 없다. 앞서 살펴보았듯이, 1인당 온실가스 배출량을 산업혁명 직전 수준으로 줄인다 해도 전 세계 온실가스 배출량의 총량이 그만큼 줄어들지는 않는다. 그 무렵에 비해 오늘날 세계 인구가 열 배 가까이 증가했기 때문이다. 너무 많은 데다 앞으로도 계속 늘어날 가능성이 큰 세계 인구는 그 자체로 기후위기 해결에 중대한 걸림돌이 되고 있다.

세계경제의 불평등은 인권과 인류의 복지 향상을 가로막음은 물론, 기후위기의 악화에도 일조하고 있다. 사실 유럽 국가들이 친환경 산업의 발전을 선도하고 최소한 표면상으로라도 기후위기 해결과 환경 보전을 소리높여 강조할 수 있는 배경에는, 이들 국가가 경제적으로 풍족하고 기술 수준이 매우 뛰어나다는 사실이 자리 잡고 있다. 경제적으로 여유롭지 못하고 기술 수준이 풍족하지 못한 국가들에게 친환경 정책이나 온실가스 배출의 대폭 감소를 강요하기에는 현실적으로 어려움이 크다. 일례로 상당수의 아프리카 국가에서는 가난과 정치 불안 등을 이유로, 환경 보전은커녕 화전과 산림 파괴 등을 이어가고 있다. 사막화로 인해 삶터를 잃어버린 사람들이 열대우림에 들어가 화전 농업을 하거나, 부패한 군벌 등이 돈을 벌기 위해 열대우림을 파괴하고 목재, 광물 등을 무분별하게 개발하고 있다.

사실 유럽 국가들은 산업화, 제국주의 등을 통해 온실가스 배출과 지구환경 파괴를 선구적으로 자행한 주체이기도 하다. 브라질의 자이르 보우소나루 대통령이 국제사회의 대대적인 규탄과 제재에도 불구하고 주권을 내세우며 아마존을 무분별하게 개발한 것도 이러한 현실의 맥락과 분리해서 생각하기는 어렵다.[48] 물론 이유야 어찌 되었든, 이러한 환경 파괴가 계속된다면 기후위기는 계속해서 나빠질 것이고, 결국에는 인류 문명의 지속가능성에도 짙은 먹구름이 드리울 수밖에 없을 것이다.

최근 들어 불거지고 있는 신냉전 체제의 도래 역시 기후위기 극복에 중대한 장애물이 되고 있다. 당장 2022년 발발한 러시아-우크라이나 전쟁은 기후위기 해결을 위한 국제적인 노력에 심각한 위기를 가져왔다고 평가받는다.[49] 기후위기에 대한 실효성 있는 대안이 마련되려면 국제적인 공조와 협력이 무엇보다 절실한데, 강대국 간의 전쟁이 부족하지만 그나마 이루어지고 있는 국제 협력과 공조에 균열을 일으켰기 때문이다.

아이러니한 점은, 미국 등 강대국의 소극적 태도와 거부권 행사로 좌초 위기에 처했던 교토 의정서가 2004년 블라디미르 푸틴 러시아 대통령의 서명 덕택에 이듬해 공식 발효될 수 있었다는 사실이다.[50] 요컨대 러시아의 푸틴 정권은 무리한 전쟁을 일으킴으로써, 교토 의정서 비준을 통해 간신히 물꼬를 튼 기후위기 해결을 위한 국제협력의 불씨조차 스스로 꺼트린 셈이다.

그뿐만 아니라 중국과 미국 간에 깊어지고 있는 대립과 갈등의 골 또한 같은 맥락에서 기후위기 해결을 심각하게 저해할 소지가 크다. 요컨대 미국과 소련이 대립했던 냉전 체제에서는 핵전쟁의 공포가 인류를 위협했다면, 오늘날 모습을 드러내고 있는 신냉전은 기후위기를 한층 더 악화해 인류에게 핵전쟁 이상으로 심각한 위협을 던지고 있다고도 말할 수 있다.

학계에서는 이미 지구 기온의 상승을 산업화 이전, 하다못해 20세기 초중반 수준으로 되돌리기란 사실상 불가능하다고 보며, 기온의 상승 폭과 기후변화의 정도를 최소화하는 방향을 모색하고 있다.[51] 온실가스나 오염물질은 한번 배출하면 상당한 시간 동안 대기 중이나 환경 속에 머무르면서 지속적으로 영향을 미친다. 그러다 보니 어떤 계기를 통해 이러한 물질의 배출량을 획기적으로 줄이더라도, 지금까지 배출된 온실가스의 양이 이미 막대하기 때문에 그 효과가 가시적으로 나타나려면 오랜 시간이 걸릴 수밖에 없다.* 인류 사회가 기후위기 해결을 위해 기울여온 수많은 노력과 시도가 온실가스 배출의 획기적 절감과 기후의 회복을 가져오는 데는 여전히 부족하지만, 멈추지 말고 지속해야 하는 이유다.

....

* 예를 들어 20세기 후반에 오존층 파괴의 주범으로 지목되었던 프레온가스의 배출량은 전 세계적으로 이루어진 다대한 노력 덕분에 눈에 띄게 줄었다. 하지만 설령 프레온가스 배출량 감소가 '이상적인 수준'으로 이루어진다 해도 오존층의 온전한 회복은 빨라야 21세기 후반에야 이루어질 거라고 예측된다.

역사는 도전과 응전의 연속이다

영국의 역사학자 E. H. 카Edward Hallett Carr 는 명저《역사란 무엇인가》의 말미에서, 역사를 배워야 하는 까닭은 과거의 진보를 통해 미래의 발전에 대한 비전과 신념을 얻는 데 있다고 역설했다. 아울러 아널드 J. 토인비Arnold Joseph Toynbee 는 인류 역사를 도전과 응전의 연속으로 규정하고, 도전에 효과적으로 응전해 이를 극복하는 문명은 번영하고 그렇지 못한 문명은 몰락과 멸망의 운명을 맞이한다는 논의를 제시한 바 있다.

기후위기는 오늘날 인류가 직면한 가장 거대한 도전이자 가장 위험한 위기이다. 전근대의 기후변화가 대제국의 흥망성쇠에 영향을 미친 주요한 요소였다면, 인간의 활동이 만든 오늘날의 기후위기는 인류의 존속과 지속가능성을 좌우하는 더한층 심각하고 위협적인 도전이라고 볼 수 있다. 그러나 기후위기라는 도전에 대해 인류는 여전히 충분한 수준의 응전을 하고 있다고 보기 어렵다.

기후변화는 한나라, 로마, 명나라를 비롯해 인류사에 등장한 수많은 제국들을 쇠퇴와 멸망으로 이끌었다. 하지만 수많은 역사 속 문명과 제국이 기후변화와 더불어 멸망했을지언정, 인류의 존속 자체가 흔들린 적은 없었다. 기후변화는 어디까지나 지구환경이 감내할 수 있는 범위 안에서 일어난, 자연적인 변화였기 때문이다. 하지만 오늘날의 기후위기는 그와는 차원이 다르다. 전근대에 이루어진 기후변화와는 비교할 수 없을 정도로 그 변동이 급속하게 이루어지고 변동 폭도 크기 때문이다. 이러한 변화는 거대한 제국을 몰락시키는 수준을 넘어 지구 자체를 인류 문명이 지속하기 어려운 곳으로 만들 수도 있다.

그러므로 기후위기에 대한 실효성 있는 응전은 인류의 지속가능성을 담보하기 위한 가장 시급한 과제이다. 기후위기 해결을 위한 노력이 여전히 지지부진한 측면이 많지만, 그럼에도 불구하고 인류는 기후위기 극복을 위해 더 많은 노력과 더 긴밀한 협력에 발 벗고 나서야 한다.

이와 관련해 주목할 만한 사례가 있다. 지난 2008년에 일어난 그리스 경제위기와 이에 대한 메르켈Angela Merkel 독일 전 총리의 대처였다. 메르켈 전 총리는 국가부도 사태에 처한 그리스를 지원하기 위해 수년에 걸쳐 막대한 구제금융 제공을 주도했다. 독일과 EU의 경제적 타격을 최소화하기 위해서였다. 오늘날 세계경제는 상호연결성과 의존성이 매우 강하고 특히 그리스는 EU 회원국이므로 그리스 경제가 끝 모를 정도로 추락하면 독일과 EU의 경제 역시 치명타를 입기 때문이다. 물론 메르켈과 독일 정부의 노력이 그리스 경제위기와 독일, EU의 경제문제를 완벽하게 해결하지는 못했지만, 이러한 노력 덕분에 그리스 경제위기의 여파가 더욱 심각한 수준까지 악화하는 것을 방지한 측면도 있다.[52] 이는 기후위기에 인류가 어떻게 대처해야 할지, 그리고 기후위기에 대한 대처와 응전을 어떻게 받아들여야 할지에 대한 중요한 성찰을 제공한다. 비록 비판받을 점이나 부작용도 적다고는 하기 어렵겠지만, 메르켈 전 총리는 국경을 뛰어넘는 대대적인 경제위기를 설령 불완전하게라도 극복할 수 있는 방향을 보여주었다.

인류가 기후위기라는 더 큰 도전에 응전할 방향도 바로 이러한 차원에서 생각할 수 있다. 쉽게 이루어질 일은 절대로 아닐 것이다. 그러나 적어도 인류 사회의 공조와 협력을 통해서 기후위기를 완전히 해결하지는 못하더라도 최소한 인류의 지속가능성을 망가뜨리지는 않을 정도로 완화할 수는 있을 것이다. 이것이야말로 기후위기 시대에 필요한, 카가 역설한 '미래의 발전에 대한 비전과 신념'이 아닐까? 그런 점에서 기후위기에 실효성 있게 대처할 수 있는 구체적인 방향을 모색하고 마련하는 일은 오늘날 인류가 풀어야 할 가장 큰 숙제이다.

본문에서 다룬 세계사 주요 사건과 기후변화 연표

연도	인류사의 주요 사건	주요 기후변화
400~300만여 년 전	오스트랄로피테쿠스 출현	
250만여 년 전	구석기 시대 시작	
20만여 년 전	아프리카 남부에서 현생인류 출현	
12만~9만여 년 전	현생인류가 아프리카 남부를 벗어나 세계 각지로 이주하기 시작	기후변화로 인해 사하라사막이 습윤한 초지로 변함
3만~2만여 년 전	네안데르탈인, 호모에렉투스 멸종	
1만 8,000여 년 전		마지막 빙하기가 절정에 달함
1만 5,000여 년 전	현생인류가 아메리카 대륙으로 이주하면서 사실상 지구 전역에 분포	
1만 5,000~1만여 년 전	신석기 시대 시작	
1만 2,000여 년 전		마지막 빙하기 끝남
1만여 년 전	인류 농경 시작	
기원전 4,000년 전후	인류가 에쿠우스 페루스를 길들이기 시작 (말 사육 시초)	
기원전 4,000년 전후	메소포타미아 문명 시작	
기원전 3,000년 전후	크레타 문명 시작	
기원전 2,500~2,000년	인류가 마차를 사용하기 시작	
기원전 2,000년 전후	마야 문명 시작	
기원전 1,800년 전후	미노스 문명 최전성기 (크노소스 궁전 건축)	
기원전 1,200년 전후	미노스 문명 멸망	
기원전 1,050년 전후	미케네 문명 멸망	
기원전 10세기 전후	인류가 승마를 시작하면서 기병 출현	
기원전 750년 전후	이탈리아반도 중부 라티움에서 로마 탄생	
기원전 6세기 전후	마야 문명(선고전기)이 미라도르 건설	
기원후 300년 전후	마야 문명이 선고전기에서 고전기로 이행	
기원전 3세기 초반	로마가 이탈리아반도 대부분을 통일	
기원전 264년	제1차 포에니 전쟁 발발	
기원전 206년	한나라 건국(기원전 202년 중국 통일)	
기원전 200년 전후		한나라와 로마가 본격적인 온난기에 접어들기 시작함
기원전 146년	제3차 포에니 전쟁에서 로마에게 패한 카르타고 멸망	
기원전 141년	한 무제가 흉노 정벌 시작	
기원전 111년	남월 멸망	
기원전 108년	고조선 멸망	

2세기 중·후반		중국의 기후가 본격적인 한랭기에 접어듦
184년	황건적의 난 발발	
220년	한나라 멸망	
3세기		로마 전역 한랭기에 접어들기 시작함
375년	서고트족이 로마 영내에 이주	
395년	로마가 동서로 완전히 분열	
434년	아틸라 제국 출현	
453년	아틸라가 사망하고 그 직후 아틸라 제국 와해	
476년	서로마 제국 멸망	
581년	수나라가 중국 재통일	
619년	수나라 멸망, 618년 건국된 당나라가 중국 재통일	
627년		몽골 스텝 지대에 극심한 주드가 불어닥쳐 동돌궐이 치명타를 입음
630년	동돌궐이 당나라의 침공을 받아 멸망	
7세기 전후		유럽에서 한랭기가 끝나고 중세 온난기가 시작됨
661년	우마이야 왕조 성립	
732년	투르-푸아티에 전투에서 프랑크 왕국군이 우마이 야 왕조군 격파	
800년	교황이 프랑크왕국의 국왕 카롤루스에게 서로마 황제의 관 수여(프랑크 제국, 카롤루스 대제가 됨)	
843년	베르됭조약에 따라 프랑크 제국 분열	
9~10세기	고전기 마야 문명 멸망	
907년	당나라 멸망	
10~11세기	후고전기 마야 문명 출현	
1200년 전후		몽골 스텝에 유사 이래 가장 많은 비가 내리면서 유목의 생산성이 극적으로 증가함
1206년	테무친이 몽골을 통일하고 칭기즈칸으로 추대	
1220년	칭기즈칸이 침공한 호라즘 제국 사실상 와해 (몽골제국의 세계 정복 시작)	
1258년	아바스왕조가 몽골제국의 침공을 받아 멸망	
1260년	아인잘루트 전투에서 맘루크왕조의 술탄 바이바르스가 몽골 제국군 격파	
1279년	몽골제국이 남송을 멸망시키고 중국을 완전히 정복	
14세기 초반		유럽의 평균 기온이 하강하고 이상기후가 빈발하기 시작함 (소빙기의 시작)
1347~1353년	유럽 전역에서 중세 흑사병 범유행	

15~16세기	마야문명 멸망	
1492년	콜럼버스의 탐험선단이 신대륙에 도착	
1521년	아스테카문명이 에스파냐인의 침략으로 멸망	
1533년	잉카문명이 에스파냐인의 침략으로 정복당함	
1580~1660년		동아시아 일대에서 기온 하강과 기근이 일어남 (동아시아 소빙기의 시작)
1588년	에스파냐의 무적함대가 갑작스레 불어온 폭풍을 만나 치명적인 피해를 입음	
1592~1598년	임진왜란	
1616년	누르하치가 여진족을 통일하고 후금 건국	
1618~1648년	30년 전쟁 발발	
1619년	후금이 사르후 전투에서 명군을 격파한 뒤 라오둥반도 장악	
1620년 전후	아스테카문명 멸망 직전 2,600만 명에 달했던 아스테카인의 인구가 160만 명 수준까지 감소	
1626년	누르하치가 영원성 전투에서 명군에게 패한 뒤 사망	
1636년	후금이 몽골을 흡수	
1637년	국호를 청으로 개칭한 후금이 조선 침공(병자호란)	
1638년	조선이 청나라에 항복	
1644년	4월 명나라가 이자성의 난으로 인해 멸망 6월 청나라가 이자성의 난을 진압한 뒤 중국의 새로운 통일 왕조로 자리매김	
1670~1671년	경신대기근	
1760~1780년	영국에서 산업혁명 시작	인위적이고 급격한 기후변화 시작
1789년	프랑스혁명 발발	
19세기	산업혁명이 대다수의 유럽 국가로 확산	
1952년	12월에 일어난 런던 그레이트 스모그로 인해 1만 명에 달하는 사망자 발생	
1987년	유엔 세계환경개발위원회가 '지속가능한 발전' 개념을 제창	
1988년	유엔에 의해 IPCC 발족	
1997년	교토 의정서 채택	
2001년	미국, 교토 의정서에 거부권을 행사하며 탈퇴	
2005년	교토 의정서 공식 발효	
2011년	시리아 내전 발발	
2015년	유엔이 파리 기후협약을 공식 채택	
2022년	조 바이든 미국 대통령, 2030년까지 미국 탄소 배출량을 절반 수준으로 감축하겠다고 공언. 세계 총인구 80억 명 돌파	

미주

1부

1) Gupta, A. K., 2004. Origin of agriculture and domestication of plants and animals linked to early Holocene climate amelioration. *Current Science*, 87(1), pp. 54-56.

2) Mummert, A., Esche, E., Robinson J., and Armelagos, G. J. 2011. Stature and robusticity during the agricultural transition: Evidence from the bioarchaeological record. *Economics and Human Biology*, 9, pp. 288-297.

3) Diamond, J., and Bellwood, P. 2003. Farmers and their languages: The first expansions. *Science*, 300, p. 597.

4) 브라이언 페이건, 이희준 옮김, 2000,《인류의 선사문화》, 사회평론, 227-244쪽.

5) Morozova, G. S. 2005. A review of Holocene avulsions of the Tigris and Euphrates rivers and possible effects on the evolution of civilizations in lower Mesopotamia. *Geoarchaeology*, 20(4), p. 413.

6) Rost, S. Water management in Mesopotamia from the sixth till the first millennium B.C. *Wiley Interdisciplinary Reviews: Water*, 4(5), pp. 1-2.

7) 재레드 다이아몬드, 김진준 옮김, 2012,《총, 균, 쇠》, 문학사상사, 278-281쪽.

8) Morozova, G. S. 2005. *Ibid*. p. 401.

9) Zaman, M., Shahid, S. A., and Heng, L. 2018. *Guideline for Salinity Assessment, Mitigation and Adaptation Using Nuclear and Related Techniques*. Cham, Switzerland: Springer, p. 45.

10) 해양 퇴적층의 유기물 성분은 기후 조건을 보여주는 증거로 활용되며, 토양의 티타늄 함유량은 고기후학에서 기후와 식생을 확인할 수 있는 지표로 널리 활용된다. 아울러 카리아코 해저분지는 마야문명의 근거지와 동일한 기후 특성을 가진 곳이었다. Haug, G. H., Günter, D., Peterson, L. C., Sigman,

D. M., Hughen, K. A., and Aeschlimann, B. 2003. Climate and the collapse of Maya civilization. *Science*, 299, pp. 1732-1734.

2부

1) Huang, X. Z., Chen, F. H., Fan, Y. X., and Yang, M. L. 2009. Dry late-glacial and early Holocene climate in arid central Asia indicated by lithological and palynological evidence from Bosten Lake, China. *Quaternary International*, 194(1-2), pp. 19-20.

2) Warmuth, V., Eriksson, A., Bower, M. A., Barker, G., Barrett, E., Hanks, B. K., Li, S., Lomitashvili, D., Ochir-Goryaeva, M., Sizonov, G. V., Soyonov, V., and Manica, A. 2012. Reconstructing the origin and spread of horse domestication in the Eurasian steppe. *Proceedings of the National Academy of Sciences*, 109(21), p. 8203.

3) 아자 가트, 오숙은·이재만 옮김, 2017, 《문명과 전쟁》, 교유서가, 431-432쪽.

4) 아자 가트, 오숙은·이재만 옮김, 2017, 앞의 책, 432쪽.

5) 아자 가트, 오숙은·이재만 옮김, 2017, 같은 책, 276-277쪽.

6) 존 키건, 유병진 옮김, 2018, 《세계전쟁사》, 255-260쪽.

7) 재레드 다이아몬드, 김진준 옮김, 2012, 앞의 책, 105-112쪽.

8) Papakinos, E. C. 2020. Inquiring into the origin of the Minoan civilization via information systems modelling in humanities. *Social Science and Humanities Research*, 3(5), pp. 42.

9) E. M. 번즈·R. 러너·S. 미첨, 박상익 옮김, 2009, 《서양 문명의 역사》(새판), 소나무, 112-113쪽.

10) Tsonis, A. A., Swanson, K. L., Sugihara G., and Tsonis, P. A. 2010. Climate change and the demise of Minoan civilization. *Climate of the Past*, 6, pp. 525-26.

11) E. M. 번즈 외 2명, 박상익 옮김, 2009, 앞의 책, 111쪽.

12) Tsonis, A. A. *et al.* 2010. *Ibid.* p. 526.

13) Tsonis, A. A. *et al.* 2010. *Ibid.* pp. 526-29.

14) Tsonis, A. A. *et al.* 2010. *Ibid.* pp. 527-29.

15) Ferrara, S. 2010. Mycenaean text: The linear B tablets. In *A Companion to the Ancient Greek Language*, ed. E. J. Bakker, pp. 11-24. Chichester, West Sussex, UK: Wiley-Blackwell.

16) 에이프릴 고든·도널드 고든, 김광수 옮김, 2018,《현대 아프리카의 이해》 (제5판), 다해, 18쪽.

17) 열대수렴대의 위치로 인한 과다한 증발과 강수량의 극심한 감소는 사하라 사막은 물론 아라비아사막의 형성에도 중대한 영향을 미쳤다. Hoelzmann, P., Gasse, F., Dupont, L. M., Salzmann, U., Staubwasser, M., Leuschner, D. C., and Sirocko, F. 2004. Palaeoenvironmental changes in the arid and sub arid belt (Sahara-Sahel-Arabian Peninsula) from 150 kyr to present. In *Past Climate Variability through Europe and Africa*, Eds. Battarbee, R.W., Gasse, F., and Stickley, C. E., pp. 219-256. Dodrecht, The Netherlands: Springer. pp. 220-224.

18) Chikira, M., Abe-Ouchi, A., and Sumi, A. 2006. General circulation model study on the green Sahara during the mid-Holocene: An impact of convection originating aabove boundary layer. *Journal of Geophysical Research*, 111(D21), pp. 5-8.

19) 지구의 기울어진 자전축과 이에 따른 태양 복사에너지의 시기별 차이는 지구에 계절이 존재하고 기후가 다양하게 분화하는 데 중대한 영향을 미치는 요인이다. Moon, W., and Wettlaufer, J. S. 2017. A unified nonlinear stochastic time series analysis for climate science. *Scientific Reports*, 7(1), p. 1.

20) 권혁재, 2005,《자연지리학》(제2판), 법문사, 192-193쪽.

21) 오늘날에는 아프리카 사바나 지대의 농업 생산성을 끌어올리기 위한 시도도 이루어지지만 여전히 한계가 있으며, 전근대에는 그러한 한계가 오늘날과는 비교할 수 없을 정도로 컸다. Callo-Concha, D., Gaiser, T., Webber, H., Tischbein, B., Müller, M., and Ewert, F. 2013. Farming in the West African Sudan Savanna: Insights in the context of climate change. *African Journal of Agricultural Research*, 8(38), pp. 4694.

22) 재레드 다이아몬드, 김진준 옮김, 2012, 앞의 책, 250-259쪽.

23) Callo-Concha, D., *et al.* 2013. *Ibid.* p. 4693.

24) 유카탄반도와 중앙아메리카에는 물에 잘 침식되는 석회암이 폭넓게 분포하며, 이러한 석회암 기반암이 우기에 내린 많은 양의 비에 침식되면서 습지와 호수, 지하동굴 등을 형성한다. 미라도르 분지의 경우 전체 면적의 무려 70퍼센트가 습지이다. Hansen, R. D., Bozarth, S., Jacob, J., Wahl, D., and Schreiner, T. 2002. Climatic and environmental variability in the rise of Maya Civilization. *Ancient Mesoamerica*, 13, pp. 275-288.

25) Webb, E. A., Scharcz, H. P., Jensen, C. T., Terry, R. E., Moriarty, M. D., and Emery, K. F. 2007. Stable carbon isotope signature of ancient maize agriculture in the soils of Montul de San José, Guatemala. *Geoarchaeology: An International Journal*, 22(3), p. 292.

26) 정혜주, 2021, 〈메소아메리카의 네 방향의 세계: 치첸이쯔아를 중심으로〉, 《중남미연구》, 40(1), 384-387쪽.

27) Hansen, R. D., *et al.* 2002. *Ibid.* p. 288.

28) Haug, G. H., *et al.* 2003. *Ibid.* pp. 1734-1735.

29) Masson, M. A. 2012. *Ibid.* p. 18238.

30) 재레드 다이아몬드, 김진준 옮김, 2012, 앞의 책, 491-494쪽.

31) Su, Y., Liu, L., Fang, X. Q., and Ma, Y. N. 2016. The relationship between climate change and wars waged between nomadic farming groups from the Western Han Dynasty to the Tang Dynasty Period. *Climate of the Past*, 12, pp. 143-45.

32) Su, Y., Fang, X.-Q., and Yin, J. 2014. Impact of climate change on fluctuations of grain harvest in China from the Western Han Dynasty to the Five Dynasties. *Science China: Earth Sciences*, 57(7), p. 1708.

33) Sun, M. 2021. The Han Dynasty-Xiongnu relationship in the early Western Han Dynasty: The peace between the enemis. *Advances in Social Science, Education and Humanities Research*, 586, pp. 714-715.

34) 김종성, 2012, 〈한나라는 어떻게 흉노를 몰아냈나〉, 《민족》, 21, 167쪽.

35) 허경진, 2014, 〈동아시아 문화교류의 다양한 층위(層位)와 데이터베이스 구축의 필요성〉, 《한민족어문학》, 66, 325쪽.

36) Su, Y., et al. 2016, Ibid. pp. 143-45.

37) 《한서 漢書》, 《고금도서집성 古今圖書集成》(청대에 발간된 백과사전) 등의 사료 및 꽃가루 화석과 탄소동위원소 분석 등을 근거로, 이미 기원전 1세기 무렵부터 한랭화가 본격화되었다고 보는 견해도 있다. 김종성, 2012, 앞의 글, 166-167쪽.

38) 박건주, 2011, 〈진한(秦漢)의 사회보장제도와 태평도〉, 《역사학연구》, 44, 291-296쪽.

39) Su, Y., et al. 2014. Ibid., pp. 1708-1709.

40) 서영교, 2018, 〈白村江戰鬪 이전 倭國의 遣唐使: 唐의 서북방 정세변화를 중심으로〉, 《영남학》, 67, 16쪽.

41) 그린란드에서 채취된 이 시기 빙핵 시료의 낮은 염소 농도는 당시 로마 기후의 온난습윤화를 뒷받침하는 중요한 증거가 된다. Decker, M. J. 2017. Approaches to the environmental history of Late Antiquity, part II: Climate change and the end of the Roman Empire. *History Compass*, 15(10), p. 3.

42) McCormick, M., Büntgen, U., Cane, M. A., Cook, E. R., Harper, K., Huybers, P., Litt, T., Manning, S. W., Mayewski, P. A., More, A. F. M., Nicolussi, K., and Tegel, W. 2012. Climate change during and after the Roman Empire: Reconstructing the past from scientific and historical evidence. *Journal of Interdisciplinary History*, 43(2), pp. 176-187.

43) Büntgen, U., Tegel, W., Nicolussi, K., McCormick, M., Frank, D., Trouet, V., Kaplan, J. O., Herzig, F., Heussner, K.-U., Wanner, H., Luterbacher, J., and Esper, J. 2011. 2500 years of European climate variability and human susceptibility. *Science*, 331, p. 580.

44) McCormick, M., et al. 2012. ibid. p. 189.

45) Gligen, A., Wilkenskjeld, S., Kaplan, J. O., Kühn, T., and Lohmann, U. 2019. Effects of land use and anthropogenic aerosol emissions in the

Roman Empire. *Climate of the Past*, 15(5), 1903–1905.

46) McCormick, M., *et al.* 2012. *ibid.* p. 185.

47) McCormick, M., *et al.* 2012. *ibid.* pp. 190–192.

48) McCormick, M., *et al.* 2012. *ibid.* pp. 190–192.

49) McCarthy, G. D., Joyce, T. M., and Josey, S. A. 2018. Gulf Stream variability in the context of quasi0decadal and multidecadal Atlantic climate variability. *Geophysical Research Letters*, 45, pp. 11257–11259.

50) Cheyette, F. L. 2008. The disappearance of the ancient landscape and the climatic anomaly of the early Middle Ages: A question to be pursued. *Early Medieval Europe*, 16(2), pp. 162–163.

51) Cheyette, F. L. 2008. *Ibid.* pp. 130–131.

52) Büntgen, U., *et al.* 2011. *Ibid.* p. 580.

53) 아자 가트, 오은숙·이재만 옮김, 2017, 앞의 책, 441–463쪽.

54) 브라이언 페이건, 윤성옥 옮김, 2003, 《기후는 역사를 어떻게 만들었는가》, 중심, 52–53쪽.

55) Blaydes, L., and Chaney, E. 2013. The feudal revolution and Europe's rise: Political divergence of the Christian West and the Muslim world before 1500 CE. *American Political Science Review*, 107(1),

56) E. M. 번즈·R. 러너·S. 미첨, 박상익 옮김, 2009, 《서양 문명의 역사(상)》, 소나무, 347–354쪽.

57) Fidora, A. 2013. Divination and scientific prediction: The epistemology of prognostic Sciences in Medieval Europe. *Early Science and Medicine*, 18(6), pp. 520–535.

58) E. M. 번즈 외 2명, 박상익 옮김, 2009, 앞의 책, 363–365쪽.

59) E. M. 번즈 외 2명, 박상익 옮김, 2009, 같은 책, 365–366쪽,

60) Dawson, A. G., Hickey, K., Mayewski, P. A., and Nesje, A. 2007. Greenland (GISP2) ice core and historical indicators of complex North Atlantic climate

changes during the fourteenth century. *The Holocene*, 17(4), pp. 425-427.

61) 브라이언 페이건, 윤성옥 옮김, 앞의 책, 2003, 67-96쪽.

62) 브라이언 페이건, 윤성옥 옮김, 같은 책, 2003, 82-87쪽.

63) Mathews, J. D., Chesson, J. M., McCaw, J. M., and McVernon, J. 2009. Understanding influenza transmission, immunity and pandemic threats. *Influenza and Other Respiratory Virus*, 3(4), pp. 144-148.

64) 이준호, 2019, 〈조선시대 기후변동이 전염병 발생에 미친 영향〉, 《한국지역지리학회지》, 25(4), 427-434쪽.

65) 이현숙, 2003, 〈7세기 신라 통일전쟁과 전염병〉, 《역사와 현실》, 47, 135-144쪽.

66) Spyrou, M. A., Musralina, A., Gnecchi Ruscone, G. A., Kocher, A., Borbone, P.-G., Khartanovich, V. I., Buzhilova, A., Djansugurova, L., Bos, K. I., Kühner, D., Haak, W., Slavin, P., and Krause, J. 2022. The source in Black Death in fourteenth-century central Eurasia. *Nature*, 606, pp. 718-723.

67) Pongratz, J., Caldeira, K., Reick, C. H., and Claussen, M. 2011. Coupled climate-carbon simulations indicate minor global effects of wars and epidemics on atmospheric CO2 between AD 800 and 1850. *The Holocene*, 26(5), pp. 764-768.

68) Gingerich, D., and Vogler, J. P. 2021. Pandemics and political development: The electoral legacy of the Black Death in Germany. *World Politics*, 73(3), p. 394.

69) Gingerich, D., and Vogler, J. P. 2021. *Ibid.*, p. 394.

70) Pederson, N., Hessl, A. E., Baatarbileg, N. Anchukaitis, K. J., and di Cosmo, N. 2014. Pluvials, droughts, the Mongol Empire, and modern Mongolia. *Proceedings of the National Academy of Sciences*, 111(12), p. 4376.

71) 박원길, 2013, 〈금나라의 북방방어선과 타타르부〉, 《몽골학》, 35, 34쪽.

72) Pongratz, J., Caldeira, K., Reick, C. H., and Claussen, M. 2011. Coupled

climate-carbon simulations indicate minor global effects of wars and epidemics on atmospheric CO2 between AD 800 and 1850. *The Holocene*, 26(5), pp. 764-768.

73) Cui, J., Chang, H., Burr, G. S., Zhao, X., and Jiang, B. 2019. Climate Change and the rise of Manchu from Northeast China during AD 1600-1650. *Climate change*, 156(3), p. 406-411.

74) Zhao, J., Cheng, H., Yang, Y., Liu, W., Zhang, H., Li, X., Li, H., Ait-Brahim, Y., Pérez-Mejías, C., and Qu, X. 2021. Role of the summer monsoon variability in the collapse of the Ming Dynasty: Evidence from speleothem records. *Geophysical Research Letters*, 41(11), e2021GL093071. p. 1.

75) 김문기, 2012, 〈17세기 중국과 조선의 기근과 국제적 곡물유통〉, 《역사와 경계》, 85, 324-335쪽.

76) Cui, J., *et al*. 2019. *Ibid*. pp. 408-419.

77) Cui, J., *et al*. 2019. *Ibid*. pp. 418-419.

78) 김문기, 2011, 〈17세기 중국과 조선의 재해와 기근〉, 《이화사학연구》, 43, 88쪽.

79) 김문기, 2012, 앞의 글, 88-92쪽.

80) Kong, G.-S., Kim, K.-O., Kim, and S.-P. 2013. Characteristics of the East Asian summer monsoon in the South Korea Sea of Korea during the Little Ice Age. *Quaternary International*, 286, pp. 39-42.

81) 김덕진, 2008, 《대기근, 조선을 뒤덮다》, 푸른역사, 108-117쪽.

82) 김문기, 2012, 앞의 글, 348쪽.

83) 김덕진, 2008, 앞의 책, 248-309쪽.

84) 임성수, 2021, 〈17~18세기 銅錢 발행과 作錢制의 시행〉, 《한국문화》, 93, 221-245쪽.

85) 브라이언 페이건, 윤성옥 옮김, 2003, 앞의 책, 95-114쪽.

86) Waldinger, M. 2022. The economic effects of long-term climate change:

Evidence from the Little Ice Age. *Journal of Political Economy*, 130(9), pp. 2280-2281.

87) 브라이언 페이건, 윤성옥 옮김, 2003, 같은 책, 165-167쪽.

88) Grove, 2004. *Little Ice Age:Ancient and Modern*. London: Routledge. p. 629.

89) 브라이언 페이건, 윤성옥 옮김, 2003, 같은 책, 262쪽.

90) Camenish, C. H., and Rohr, C. H. When the weather tunred bad. The research of climate impacts on society and economy during the Little Ice Age in Europe. An overview. *Cuadernos de Investigacíon Geográfica*, 44(1), p. 106.

91) Waldinger, M. 2022. *Ibid*. pp. 2299-2301.

92) 물론 신대륙으로 떠난 유럽인들은 유럽과 마찬가지로 소빙기가 닥쳤던 아메리카 대륙에서 숱한 고난과 실패를 마주해야 했다. 하지만 신대륙으로의 이주가 소빙기 유럽의 식량·경제·인구 문제들을 해결하는 데 어떤 식으로든 영향을 미쳤다는 사실을 부정하기는 어렵다. White, S. 2014. Cold, drought, and disaster: The Little Ice Age and the Spanish conquest of New Mexico. *New Mexico Histocial Review*, 89(4), pp. 426-448.

93) Franco-Paredes, C., Lammoglia, L., and Santos-Preciado, J. I. 2005. The Spanish royal philanthropic expedition to bring smallpox vaccination to the New World and Asia in the 19th century. *Clinical Infectious Diseases*, 41(9),p. 1285.

94) Ruddiman, W. F. 2003. The anthropogenic greenhouse era began thousands of years ago. *Climatic Change*, 61(3), pp. 284-290.

95) De Jong, H. 2016. Impact of the potato on society. *American Journal of Potato Research*, 93(5), pp. 416-427.

96) 아자 가트, 오숙은·이재만 옮김, 2017, 앞의 책, 623-642쪽.

97) Athimon, E., and Maanan, M. 2018. Vulnerability, resilience and adaptation of societies during major extreme storms during the Little Ice Age. *Climate of the Past*, 14, 1488-1494.

3부

1) Maslin, M. 2020. Tying celestial mechanics to Earth's ice ages. *Physics Today*, 73(5), p. 53.

2) 윌리엄 F. 러디먼, 김홍옥 옮김, 2017, 《인류는 어떻게 기후에 영향을 미치게 되었는가》, 에코리브르, 169-171쪽.

3) 윌리엄 F. 러디먼, 김홍옥 옮김, 2017, 같은 책, 같은 쪽.

4) 윌리엄 F. 러디먼, 김홍옥 옮김, 2017, 같은 책, 같은 쪽.

5) Yadav, S. S., Hedge, V. S., Habibi, A. B., Dia, M., and Verma, S. 2019. Climate change, agriculture and food security. In *Food Security and Climate Change*, Eds. Yadav, S. S., Redden, R. J., Hatfield, J. L., Ebert, A. W., and Hunter, D., pp. 1-24. Hoboken, NJ: John Wiley & Sons. p. 2.

6) 윌리엄 F. 러디먼, 김홍옥 옮김, 2017, 앞의 책, 269-269쪽.

7) 브라이언 페이건, 윤성옥 옮김, 2003, 앞의 책, 157-162쪽.

8) 허영섭, 2019, 〈알프스산맥의 '빙하 장례식'〉, 《대한토목학회지》, 67(11), 67쪽.

9) Joughin, I., Shapero, D., Smith, B., Dutrieux, P., and Barham, M. 2021. Ice-shelf retreat drives recent Pine Island Glacier speedup. *Sience Advances*, 7(24), eabg3080. pp. 3-5

10) Münchow, A., Padman, L., and Fricker, H. A. 2014. Interannual changes of the floating ice shelf of Petermann Gletscher, North Greenland, from 2000 to 2012. *Journal of Glaciology*, 60(221), p. 490.

11) 김기태·홍성원, 2014, 〈북극해항로의 글로벌 공급사슬로서의 활용방안〉, 《국제상학》, 29(2), 156-171쪽.

12) 임채욱·김동훈·우승범, 2013, 〈열팽창 효과를 직접 고려한 미래 지구온난화에 의한 북서태평양에서의 상세 해수면 상승 연구〉, 《해안·항만방제》, 13(4), 269-271쪽.

13) Moore, J. C. 2018. Geoengineer polar glaciers to slow sea-level rise. *Nature*, 555, p.303.

14) Moore, J. C. 2018. Geoengineer polar glaciers to slow sea-level rise. *Nature*, 555, p.303.

15) Yoon, S.-T., Lee, W.-S., Nam, S.-H., Lee, C.-K., Yun, S., Heywood, K., Boheme, L., Zheng, Y., Lee, I., Choi, Y., Jenkins, A., Jin, E. K., Larter, R., Wellner, J., Dutrieux, P., and Bradley, A. T. 2022. Ice front retreat reconfigures meltwater-driven gyres modulating ocean heat delivery to an Antarctic ice shelf. *Nature Communications*, 13(1), pp. 310-11.

16) Umgiesser, G. 2020. The impact of operating the mobile barriers in Venice (MOSE) under climate change. *Journal for Nature Conversation*, 54, 125783. pp. 1-4.

17) Umgiesser, G. 2020. *Ibid*. pp. 2-9.

18) 인공위성 데이터 분석 결과, 1993~2011년 한반도 주변 바다의 해수면 상승률은 지구 평균치인 연평균 3.15밀리미터보다 13퍼센트 높은, 연평균 3.57밀리미터였다. 그중에서도 동해의 연평균 해수면 상승률이 3.25밀리미터, 서해 3.79밀리미터, 남해 4.3밀리미터로, 특히 남해의 해수면 상승 폭이 컸다. 연평균 해수면 상승률이 3~4밀리미터라면 대수롭지 않아 보일지도 모르지만, 10년이면 3~4센티미터, 100년이면 30~40센티미터나 상승한다는 뜻이니 결코 무시할 만한 정도가 아니다. 조광우·이해미·노백호·강정은·H. Nobuoka, 《국가해수면상승 사회·경제적 영향평가 Ⅰ》, 한국환경정책·평가연구원(연구보고서 2011-23). 2011.

19) 조광우·이해미·노백호·강정은·H. Nobuoka, 앞의 책, 2011, 129-163쪽.

20) Lucio, P. S., Molion, L. C. B., Conde, F. C., and de Melo, M. L. D. 2012. A study on the west Sahel rainfall variability: The role of the intertropical convergence zone (ITCZ). *African Journal of Agricultural Research*, 7(14), p. 2098.

21) 에이프릴 고든·도날드 고든, 김광수 옮김, 같은 책, 2018, 299-300쪽.

22) Hirota, M., Oyama, M. D., and Nobre, C. 2011. Concurrent climate impacts of tropical South America land-cover change. *Atmospheric Science Letters*, 12(3), p. 261.

23) 2022년 영국 레딩대학교 농과대학의 대학원생 알렉스 비스Alex Biss 와 교수 리처드 엘리스Richard Ellis 의 연구로, 1980~2000년 및 2010~2019년에

걸친 영국의 기후변화 데이터를 분석했다. 이들은 분석 결과를 바탕으로 빠르면 2040년, 늦어도 2059년에는 영국 국토 면적의 42.4퍼센트에 달하는 남부와 중부, 동부 지역이 고급 와인 생산에 쓰이는 샤도네이 품종의 포도를 재배할 수 있는 환경으로 바뀔 가능성이 높다고 예측했다. 또 후속 연구를 통해 포도주 제조용 포도 생산을 비롯한 기후변화 시대의 농업 발달에 이바지할 수 있는 논의를 계속해야 한다고 제안했다. Biss, A. J., and Ellis, R. H. 2022. Weather potential for high quality still wine from Chardonnay viticulture in different regions of the UK with climate change. OENO One, 56(4), pp. 203-215

24) 실베스트르 위에, 이창희 옮김, 2002, 《기후의 반란》, 궁리, 219쪽.

25) Lobell, D. B., Schlenker, W., and Costa-Roberts, J. 2011. Climate trends and global crop production since 1980. *Science*, 333, pp. 617-619.

26) Anderson, P. K., Cunningham, A. A., Patel, N. G., Morales, F. J., Epstein, P. R., and Daszak, P. 2004. Emerging infectious diseases of plants: Pathogen pollution, climate change and agrotechnology drivers. *Trends in Ecology and Evolution*, 19(10), p. 540.

27) 엄은희, 2015, 〈식량의 보고, 베트남의 '쌀 광주리' 기후변화 따른 수면 상승 위협 적신호〉, *Chindia Journal*, 112, 42-43쪽.

28) Cano, E., *et al.* 2019. *Ibid.* pp. 39-65.

29) Naish, S., Dale, P., Mackenzie, J. S., McBride, J., Mengersen, K., and Tong, S. 2014. Climate change and dengue: A critical and systematic review of quantitative modelling approaches. *BMC Infectious Diseases*, 14, 170-179.

30) Dhimal, M., Kramer, I. M., Phuyal, P., Budhathoki, S. S., Hartke, J., Ahrens, B., Kuch, U., Groneberg, D. A., Napal, S., Liu, Q.-Y., Huang, C.-R., Cissé, G., Ebi, K. L., Klingelhöfer, D., and Müller, R. 2021. Climate change and its association with the expansion of vectors and vector-borne diseases in the Hindu Kush Himalayan region: A systematic synthesis of the literature. *Advances in Climate Change Research*, 12, pp. 422-426.

31) Colón-González, F. J., Sewe, M. O., Tompkins, A. M., Sjödin, H., Casallas, A., Rocklöv, J., Caminade, C., and Lowe R. 2021. Projecting the risk

of mosquito-borne diseases in a warmer and more populated world: A multi-model, multi-scenario intercomparison modelling study. *The Lancet Planetary Health*, 5(7), pp. e408-413.

32) Hofmeister, A. M., Seckler, J. M., and Criss, G. M. 2021. Possible roles of permafrost melting, atmospheric transport, and solar irradiance in the development of major coronavirus and influenza pandemics. *International Journal of Environmental Research and Public Health*, 18, 3055.

33) Carlson, C. J., Albery, G. F., Merow, C., Trisos, C. H., Zipfel, C. M., Eskew, E. A., Olival, K. J., Ross, N., and Bansal, S. 2022. Climate change and dengue: a critical and systematic review of quantitative modelling approaches. *Nature*, 607, pp. 555-562.

34) Telford, A. 2020. A climate terrorism assemblage? Exploring the politics of climate change-terrorism-radicalisation relations. *Political Geography*, 79, 102150. p. 5.

35) Telford, A. 2020. *Ibid*. p. 5.

36) Telford, A. 2020. *Ibid*. p. 5.

37) Selby, J., Dahi, O., Fröhlich, C., and Hulme, M. 2017. Climate change and the Syrian civil war revisited. *Political Geography*, 60, 232-244.

38) 이성수, 2018, 〈ISIS가 아랍민주화 과정에 끼친 영향〉, 《국제정치연구》, 20(1), 199-212쪽.

39) Telford, A. 2020. *Ibid*. p. 5.

40) Pham-Duc, B., Sylvestre, F., Papa, F., Frappart, F., Bouchez, C., and Crétaux, J.-F. 2020. The Lake Chad hydrology under current climate change. *Scientific Reports*, 10, pp. 5499-30.

41) 조일준, 〈지구촌 '물 분쟁' 최근 10년 새 466건…2배 급증〉, 《한겨레》, 2020년 1월 2일 자. https://www.hani.co.kr/arti/international/international_general/922986.html

42) Viles, H. A. 2002. Implications of future climate change for stone deterioration. *Geological Society, London, Special Publications*, 205(1), p. 408.

43) 최우리, 〈대기업들이 중소기업 ESG 역량 강화 나서는 이유는?〉, 《한 겨레》, 2022년 10월 17일 자. https://www.hani.co.kr/arti/economy/ marketing/1062979.html

44) Moore, J. C. 2018. *Ibid.* 303-05.

45) Goffner, D., Sinare, H., and Gordon, L. J. 2019. The Great Green Wall for the Sahara and the Sahel Initiative as an opportunity to enhance resilience in Sahelian landscapes and livelihoods. *Regional Environmental Change*, 19(5), pp. 1417-1428.

46) 송철호, 〈일부 대기업 무늬만 'ESG'…마케팅 도구로 전락〉, 《주간한 국》, 2022년 6월 27일 자. http://weekly.hankooki.com/news/articleView. html?idxno=7073204

47) 윤순진, 2007, 〈영국과 독일의 기후변화 정책〉, ECO, 11(1), 44-50쪽.

48) 김재중, 〈"아마존, 세계 아닌 우리 것"…개발 밀어붙이는 '브라질 트럼프'〉, 《경향신문》, 2019년 5월 28일 자. https://www.khan.co.kr/world/america/ article/201905282138005

49) Rawtani, D., Gupta, G., Khatri, N., Rao, P. K., and Hussain, C. M. 2022. Environmental damages due to war in Ukraine: A perspective. *Science of The Total Environment*, 850, 157932.

50) 물론 이는 푸틴 정권이 이른바 '친환경 정권'이나 '환경 전사'여서라기보다 는, 당시 러시아 산업의 침체로 인해 온실가스 배출량이 급감하면서 교토 의 정서가 러시아에 큰 이익을 줄 수 있는 상황이 조성된 데 따른 결과로 본다. Henry, L. A., and Sundstrom, L. M. 2007. Russia and the Kyoto Protocol: Seeking an alignment of interests and image. *Global Environmental Politics*, 7(4), pp. 47-54.

51) Whyte, K. 2020. Too late for indigenous climate justice: Ecological and relational tipping points. *Wiley Interdisciplinary Reviews: Climate Change*, 11(1), pp. e603-607.

52) 김귀수, 2021, 〈안녕, 무티(Mutti)! 퇴장하는 메르켈의 16년〉, 《관훈저널》, 63(4), 274-276쪽.

지도 출처

24쪽 maxworldhistory.weebly.com/map-exercise.html

26쪽 Demenocal, P. B., and Stringer, C. 2016. Human migration: Climate and peopling of the world. Nature, 538, p. 49.

35쪽 Diamond, J., and Bellwood, P. 2003. Farmers and their languages: The first expansions. Science, 300, p. 597.

45쪽 Hill, D. J. 2019. Climate change and the rise of the Central Asian Silk Roads. In Socio-Environmental Dynamics Along the Historical Silk Road, Eds. Yang, L. E., Bork, H.-R., Fang, X., and Mischke, S., p. 249. Cham, Switzerland: Springer.

51쪽 en.wikipedia.org/wiki/Mesopotamia

61쪽 www.britannica.com/place/the-Steppe#/media/1/565551/3658

75쪽 Roberts, R. 2018. The Minoan and Mycenaean Agricultural Trade and Trade Routes in the Mycenaean Empire (University thesis, consulting ed.: R. Vallance Janke). www.academia.edu/36855767/The_Minoan_and_Mycenaean_Agricultural_Trade_and_Trade_Routes_in_the_Mycenaean_Empire

89쪽 Weninger, B., Clare, L., Gerritsen, F., Horejs, B., Krauß, R., Linstädter, J., & Rohling, E. J. (2014). Neolithisation of the Aegean and Southeast Europe during the 6600–6000 calBC period of Rapid Climate Change. Documenta Praehistorica, 41, p. 14.

92쪽 sites.google.com/site/geographyclassagostinelli/african-climate-zones

98쪽 www.latinamericanstudies.org/maya/aztec-maya-map.jpg

112쪽 read01.com/5MgxkJd.html#.Yv2vN3ZBy00

123쪽 kids.britannica.com/kids/article/ancient-Rome/353728

131쪽 commons.wikimedia.org/wiki/File:Europe_and_the_Near_East_at_476_AD.png

140쪽 worldinmaps.com/history/carolingian-empire

148쪽 www.britannica.com/event/Black-Death/Cause-and-outbreak

160쪽 thub.kumsung.co.kr/web/smart/detail.do?headwordId=2988&findCategory=B002005&findBookId=23

171쪽 www.laitimes.com/en/article/ud7_ufk.html

203쪽 IPCC AR6 WG1 Fig. SPM.1 일부 발췌

206쪽 climate.copernicus.eu/copernicus-2020-warmest-year-record-europe-globally-2020-ties-2016-warmest-year-recorded

217쪽 IPCC / 금성출판사 티칭백과, dic.kumsung.co.kr/web/smart/detail.do?headwordId=11529&findCategory=B002002&findBookId=64

220쪽 조광우·이해미·노백호·강정은·H. Nobuoka, 2011,《국가해수면상승 사회·경제적 영향평가Ⅰ》, 한국환경정책·평가연구원(연구보고서 2011-23), 129쪽.

222쪽 earth.org/data_visualization/the-past-present-and-future-of-the-sahara-desert

233쪽 Vermulen, S., Zougmore, R., Wollenberg, E., Thornton, P., Nelson, G., Kristjanson, R., Kinyagi, J., Jarvis, A., Hansen, J., Challinor, A., Campbell, B., and Aggarwal, P. 2011. Climate change, agriculture and food security: A global partnership to link research and action for low-income agricultural producers and consumers. Current Opinion in Environmental Sustainability, 4, p. 3.

249쪽 Ngoram, S. D., Dogah, K. E., and Xue, X.-Z. Assessing the impacts of cimate change on water resources: The sub-Saharan Africa perspective. Journal of Economics and Sustainable Development, 6(1), p. 189.

기후로 다시 읽는 세계사

초판 1쇄 발행　2023년 4월 5일
초판 8쇄 발행　2024년 10월 31일

지은이 • 이동민

펴낸이 • 박선경
기획/편집 • 이유나, 지혜빈, 김슬기
홍보/마케팅 • 박언경, 황예린, 서민서
표지 디자인 • forbstudio
디자인 제작 • 디자인원(031-941-0991)

펴낸곳 • 도서출판 갈매나무
출판등록 • 2006년 7월 27일 제395-2006-000092호
주소 • 경기도 고양시 일산동구 호수로 358-39 (백석동, 동문타워 I) 808호
전화 • 031)967-5596
팩스 • 031)967-5597
블로그 • blog.naver.com/kevinmanse
이메일 • kevinmanse@naver.com
페이스북 • www.facebook.com/galmaenamu
인스타그램 • www.instagram.com/galmaenamu.pub

ISBN 979-11-91842-46-3/03900
값 18,500원